DOCTRINE
DE MILTON
SUR LA ROYAUTÉ.

DOCTRINE DE MILTON

SUR LA ROYAUTÉ,

D'après l'Ouvrage intitulé :

DÉFENSE DU PEUPLE ANGLAIS.

CHAPITRE PREMIER.

AVEZ-VOUS cru, SAUMAIZE, qu'en donnant continuellement aux Rois le nom de Peres des Peuples, vous nous persuaderiez qu'il n'est point de différence entre un Pere & un Roi ? Qu'a de commun la qualité de Pere avec celle de Roi ? chacun de nous doit son existence à son Pere ; notre roi nous doit la sienne ; la nature nous a donné des peres à tous ; c'est nous-mêmes qui nous sommes donnés des Rois ; les Rois appartiennent donc aux Peuples, & les Peuples n'appartiennent point aux Rois.

Cependant, fussent-ils des peres en effet, qu'en résulteroit-il ? *Nous sommes tenus*, ce sont vos paroles, *de supporter la mauvaise humeur et la sévérité d'un pere ;*

A

eh bien ! nous en agissons de même avec un roi. Mais si un pere, quelle que soit l'étendue de son pouvoir, tue son fils, les loix le condamnent à périr : pourquoi n'en seroit-il pas de même d'un roi ? pourquoi ne se soumettroit-on pas à la plus juste de toutes les loix ! Cette prérogative seroit d'autant plus monstrueuse, qu'on ne peut pas se dépouiller de la qualité de pere ; mais un roi peut abdiquer quand il lui plaît ; il ne tient qu'à lui de n'être ni le roi, ni le pere de sa nation.

Maintenant, si nous considérons ce qui vient de se passer dans cette isle ; moi, Anglais, et témoin oculaire de cet événement mémorable, je vous dirai, à vous étranger, & qui le prouvez si bien par la maniere dont vous parlez de nos affaires politiques, je vous dirai que nous n'avons pas fait périr un roi ; mais que nous avons fait justice d'un ennemi ; d'un ennemi qui, pendant dix années consécutives, ne travailla qu'à mériter son supplice ; je vous dirai que nous n'avons point versé le sang du pere, mais du destructeur de sa patrie. Niez, si vous l'osez, qu'une nation ait le droit de déposer et de punir son tyran ?

Plusieurs souverains, dites-vous, ont péri d'une mort violente, les uns par le fer, d'autres par le poison ; mais ces exemples sont bien moins déplorables que celui d'un roi traduit devant ses juges, et qui subit l'arrêt de mort qu'on a prononcé contre lui.

Quoi! le vœu de toutes les institutions sociales n'est-il pas qu'un criminel, quel que soit son délit, paroisse devant ses juges? qu'il y parle pour sa défense? que s'il a mérité la mort, on ne l'exécute qu'après que les loix l'ont condamné? seroit-il plus conforme à la justice, à l'humanité, de l'immoler aussi-tôt qu'on s'est emparé de lui? Pensez-vous qu'il y ait un seul malfaiteur qui, libre de choisir, hésitât à donner la préférence aux formes légales? Pourquoi la voie la plus légitime de procéder contre un particulier ne le seroit-elle plus lorsqu'il s'agit d'un prince? Voudriez-vous qu'on l'eût fait périr en secret, afin qu'on travestît du nom d'assassinat la juste vengeance d'une grande nation; que tout le fruit d'un aussi rare exemple fut perdu pour la postérité, ou que ceux à qui la gloire en appartient semblassent avoir-fui la lumiere & outragé clandestinement la justice et les loix?

Eh! n'avez-vous donc pas senti le tort que vous faisiez à votre cause, en avouant que *cet événement ne fut point l'effet d'une faction parmi les grands, ni d'une sédition parmi le peuple; que la haine, la crainte, l'ambition n'y eurent aucune part, & qu'on ne se détermina qu'après une longue & mure délibération?* Si l'acte en lui-même est digne d'éloges, ses auteurs n'en sont que plus recommandables, puisque n'étant mûs d'aucune passion, ils ont tout fait par amour de la vertu. Pour moi, lorsque toutes les circonstances de cette révolution me reviennent à la mémoire, lorsque je me rappelle la fervente unanimité de l'armée et de la plus grande partie du peuple des différents comtés du royaume, qui s'écrierent à l'envie : *faites justice d'un roi auteur de toutes nos miseres* ; j'y reconnois une impulsion divine, soit du côté des magistrats, soit du côté de la nation ; jamais les hommes ne se porterent avec plus de courage, ni, de l'aveu même de nos adversaires, avec plus de réflexion à un acte digne des héros des premiers âges, et qui rappelle mieux les loix à leur véritable institution, c'est-à-dire à ne faire acception de personne.

Toutefois, combien de ménagemens n'avons nous pas employés envers le coupable ! Les droits réclamés au commencement de la guerre, et sans lesquels il n'y avoit plus pour nous ni liberté, ni sûreté ; ces mêmes droits, lorsqu'il a été notre prisonnier, nous les lui avons demandé de la maniere la plus humble, la plus soumise. Ce n'est qu'après avoir épuisé toutes les démarches & tous les refus, qu'on a pris la résolution de mettre un terme à cette négociation. Enfin, fi tous les liens qui nous unissoient à lui ont été brisés, ce n'est pas lorsqu'il a commencé d'être notre tyran, mais lorsque nous avons reconnu l'impossibilité de le rendre meilleur.

CHAPITRE II.

Vous définissez le Roi : *un être en qui réside le souverain pouvoir, qui n'est responsable qu'à Dieu de toutes ses actions, qui peut faire ce qui lui plaît, et qui n'est soumis à aucune loi.*

Eh bien ! *Saumaize*, je vais vous démontrer, non par mes propres raisonnemens, mais par les vôtres et par les autorités que vous citez, qu'aucune nation ne reconnut jamais à ses rois une aussi étrange prérogative. Eh ! quel autre en effet, qu'un écrivain vendu au despotisme, auroit l'ame assez servile pour établir les droits de la royauté sur les excès de la tyrannie ? Cette doctrine est évidemment l'opprobre de la servitude ; car, s'il est permis à un roi de faire tout ce qui lui plaît, il n'en est aucun qui mérite le nom de tyran, il n'a qu'usé de ses droits. Il peut impunément violer toutes les loix divines et humaines, jamais il ne sera coupable ; il n'est point d'abomination à laquelle il ne puisse légitimement se livrer. Et l'on osera soutenir que ce *prétendu droit des rois est fondé sur la loi des nations, ou plutôt sur celle de la nature !* Est-ce donc une brute qui parle, et qui vient nous apporter le code des tigres ?

Comment honorer du nom d'homme celui qui fait tout ce qui est en son pouvoir pour dégrader, pour avilir l'espece humaine? celui qui calomnie la nature au point de soutenir que cette mere tendre ait voulu que nous fussions la propriété des tyrans? Doctrine impie, qui ne tend pas seulement à rendre ces derniers plus féroces & plus oppresseurs, mais à leur persuader qu'ils en ont le droit; que ce droit résulte des loix de la nature et de celles de la société! Une opinion plus absurde et plus monstrueuse est-elle jamais sortie de la bouche des hommes?

Mais examinons de plus près ce droit des rois *qui a reçu, dites vous, la sanction des quatre parties du monde.*

Il n'a existé que très - peu de nations assez courageuses pour ambitionner la liberté, ou assez sages pour la mettre à profit : presque toutes ont eu des monarques ; mais elles ont voulu qu'ils fussent équitables : lorsqu'ils ont abandonné la justice pour être despotes, Dieu n'a pas été assez ennemi de l'espece humaine pour la courber sous la nécessité de se soumettre à leur tyrannie ; ni aucune nation assez insensée pour s'imposer à elle-même et à ses descendans la plus absurde, la plus inique, la plus cruelle de toutes les loix.

Vous nous citez un passage de Salomon ; loin de récuser le témoignage de l'écriture, nous l'invoquerons nous mêmes ;

mais écoutons d'abord la parole de Dieu. Nous lisons dans le Deutéronome (1) : *lorsque vous serez dans la terre que le Seigneur votre Dieu vous a donnée et que vous direz : établissons un roi comme les nations voisines.*

Que les hommes méditent ces paroles : n'est-il pas évident, par le témoignage de Dieu même, que toutes les nations ont le droit de se choisir la forme de gouvernement qui leur semble préférable ; de la changer et de la modifier à leur gré ? Dieu le déclare expressément aux Hébreux, et les autres nations n'en sont pas exceptées. Observez encore que dans l'opinion même de Dieu, le gouvernement républicain est plus parfait et plus approprié à la nature de l'homme que le gouvernement monarchique ; car Dieu l'a institué lui-même pour son peuple, et ce n'est qu'après bien des prieres et avec une sorte de répugnance qu'il lui a permis d'abandonner le premier pour adopter l'autre.

Mais afin de donner à connoître qu'en leur laissant la liberté de choisir le régime qui leur plairoit le mieux, il entendoit néanmoins que ce régime fût toujours fondé sur la justice, il voulut que s'ils élisoient un prince, ce prince fut soumis a des loix, et il les prescrivit lui-même. Il étoit défendu au roi *d'accumuler une trop grande quantité*

____

(1) 17. 14.

de richesses et de multiplier le nombre de ses chevaux et de ses femmes : obligé dans ses actions personnelles de se conformer à des loix, comment auroit-il eu un pouvoir absolu sur les autres hommes? il lui étoit enjoint de *transcrire de sa propre main* tous les préceptes de la loi et de les observer, *afin qu'il ne se crut pas supérieur à ses freres*; Ainsi relativement à l'obéissance aux loix, il n'y avoit pas de différence entre le roi et son peuple. Dieu l'a dit : *les rois et leurs sujets sont freres.*

Tel est le sentiment de Joseph, ce digne interprête du code de sa nation, *le gouvernement républicain est le meilleur*, dit-il (1) *n'en demandez pas d'autres; car c'est assez d'être soumis à Dieu. Cependant si vous êtes possédés de la manie d'avoir un roi, qu'il se conduise par la loi de Dieu plutôt que par sa propre sagesse; et sachez le réprimer s'il aspire à devenir plus puissant qu'il ne doit être.*

De même, Philon, comtemporain de Joseph et profondément versé dans la loi de Moyse, (2) dit au livre de l'institution d'un roi : *le devoir du prince n'est pas seulement de commander; il doit encore obéir; et ailleurs, ceux qui acquierent une*

---

(1) 4e. livre des Antiquités Judaïques.

(2 Sur laquelle il nous a laissé un long Commentaire.

grande puissance au préjudice de l'état
et au détriment du peuple, ne méritent pas
le titre de roi, mais le nom d'ennemis,
car leur conduite est la même. bien plus,
ceux qui nuisent sous prétexte de gouverner sont pires que des ennemis déclarés,
parce qu'on peut se prémunir contre ceux-
ci, tandis qu'il n'est pas toujours aisé
de dévoiler la malice des autres..........
Quand cette malice est connue, pourquoi
ne les traiteroit-on pas comme de véritables ennemis?

Mais, direz-vous peut-être, que pourroit-on conclure même de ce *principe*,
un roi doit observer les loix comme le
dernier de ses sujets, je le veux : cependant s'il ne le fait pas, d'après quelle loi
pourra-t-on le punir? ....

Je réponds : d'après celle qui condamne
les autres hommes ; car je n'y trouve aucune exception. On n'a pas fait un code
pénal exprès pour les prêtres, ni pour les
magistrats. S'il étoit reçu qu'un roi ne peut
pas être puni, lorsqu'il devient coupable,
parce qu'il n'existe pas de loi positive qui
le condamne, les magistrats et les prêtres
pourroient également réclamer le privilége de l'impunité pour toutes sortes de
crimes. Les rois sont donc incontestablement, d'après le texte sacré, soumis aux
loix comme les autres hommes; et *ils ne doivent pas se croire supérieurs à leurs freres.*

Cependant on assure que Salomon prêche

une autre doctrine : *obéissez aux ordres de votre roi*, dit-il, *car il fait ce qui lui plaît : où est la parole du roi, là est le pouvoir; et qui peut lui dire : que faites-vous* (1)?

Mais Samuel ne se borne pas à dire au roi : que *faites-vous?* il lui dit encore : *vous avez agi follement.* Qu'est-ce donc que le précepte de Salomon? un avis sage qu'il donne aux particuliers d'éviter tous démêlés avec les princes. Sans doute il est toujours dangereux pour de simples citoyens d'avoir à leur disputer. Mais faudra-t-il que toute une nation n'ose élever la voix lorsqu'un roi la menace de sa ruine? le laissera-t-elle paisiblement fouler aux pieds les loix divines et humaines? attenter à la vie des citoyens? brûler les villes, et commettre tous les excès de la plus effroyable tyrannie?

Ce prétendu droit des rois que vous cherchez à établir pour le malheur des hommes ne provient pas de Dieu; il a plutôt une origine infernale; le devoir de l'espece humaine est de s'y soustraire et non de s'y résigner; et c'est bien ici qu'on peut dire avec l'orateur de Rome (1), dont vous ne rougissez pas d'attester le senti-

-----

(1) Eccl. ch. 8, v. 2. Ce passage, dit Milton, ne regarde ni le Sanhédrin, ni la totalité de la nation, mais seulement les particuliers.

(1) 4e. Philippique.

ment, « quoi de plus juste qu'une guerre
» entreprise pour échapper à l'esclavage ?
» car bien qu'un peuple ait le bonheur de
» vivre sous un bon roi, s'il est libre à ce
» roi de devenir méchant, la condition du
» peuple est déplorable ».

Voilà, voilà ce qu'à dit la raison humaine imprimée de la main de Dieu dans
tous les pays et dans tous les âges. Eh ! que
nous fait après tout le gouvernement des
Israëlites ou l'espece de pouvoir qu'ils at-
tribuerent à leur souverain ? S'obstine-t-on
à croire qu'ils aient voulu que leurs princes
fussent au-dessus des loix, eux qui ne purent supporter la domination des enfans
de Samuel et qui les déposerent à cause
de leur avarice ; que nous importe, quand
nous savons que Dieu est irrité contre eux,
uniquement parce qu'ils demanderent un
roi; que nous importe, quand Dieu qui nous
donna le desir et les moyens d'être heu-
reux, plaça dans la tyrannie la source de
tous les maux ! Soutiendra-t-on que le droit
de nous en défendre cesse devant ce mot
Roi ? que la république soit pillée, dévo-
rée ou asservie par son prince, souffre-t-
elle moins de dommage que si elle l'étoit
par un brigand ou par des ennemis du dehors ? faudra-t il mettre en question s'il est
permis de repousser et de punir les ennemis de la société quels qu'ils soient ? enfin
n'est-on pas plus fondé à faire justice d'un
prince qui, comblé d'honneurs par le peuple, a proféré le serment de veiller à son

salut, et qui néanmoins trahit indignement le plus saint des devoirs ?

Vous multiplierez, en vain les citations de l'écriture, pour établir de tels principes ; il faudroit changer la nature de l'ame humaine pour les faire adopter. Si Dieu fut sourd aux prieres des juifs, s'il refusa de les délivrer de la domination des rois, c'étoit pour les punir de s'y être soumis contre sa volonté ; cependant il ne leur défendit ni de lui adresser des prieres contre leur roi, ni de s'en affranchir par leurs propres efforts ? quant à nous qui n'avons jamais demandé de roi contre la volonté de Dieu, et à qui Dieu n'en donna jamais, mais qui d'après nos loix en avons établi un conformément aux droits qu'ont toutes les nations de se choisir leurs chefs; pourquoi ne nous applaudiroit-on pas d'avoir proscrit la royauté, puisque les Israëlites pécherent en la demandant ? ou plutôt : nous avions un roi ; nous avons adressé nos prieres à Dieu contre lui ; et la toute puissance divine a permis que nous en fussions délivrés.

Les Rois ne tiennent leur autorité que de Dieu seul : voilà vos paroles, Saumaize, et le cri de ralliement de tous les apôtres de la tyrannie. Mais nommez-les donc ces rois qui ne tiennent leur autorité que de Dieu ? où en a-t-il existé de cette nature ? Saül, le premier roi d'Israël, n'auroit jamais régné, si le peuple n'eût desiré d'avoir un roi, même contre la volonté de Dieu ; et proclamé à *Mizpah*, il continua de vivre en simple particulier, gardant les troupeaux de son pere, jusqu'à ce que le peuple l'eût élu une seconde fois à *Gilgal*. David, quoiqu'il eût reçu l'oint du Seigneur, ne fallut-il pas qu'il fût reconnu par le peuple, et qu'il se soumît à un pacte respectif? vous dites vous-même que *Salomon lui succéda sur le trône de Dieu et qu'il fut agréable à tous :* l'agrément du peuple étoit donc compté pour quelque chose. Mais si ces rois, et tous ceux de la postérité de David regnerent à la fois par la grace de Dieu et par celle du peuple, les autres, de quelque nation et de quelque pays qu'on les suppose, n'ont été rois que par la volonté du peuple. La providence ne s'en est mêlée que comme de toutes les affaires de ce monde, grandes et petites, sur lesquelles sa vigilance est continuelle. Nous pourrions dire, à aussi juste titre, que nous ne dépendons que de Dieu, puisque nous sommes également ses enfans. Ceci ne porte donc aucune atteinte aux droits des peuples ; et puisque les rois tiennent leur souveraineté de ces mêmes peuples, il est de toute justice qu'ils leur rendent compte de l'usage qu'ils en font.

Si les rois tiennent leur couronne de Dieu, les peuples tiennent de Dieu leur liberté, car toutes choses proviennent de lui. C'est dans ce sens que l'écriture nous dit : *Dieu place les rois sur le trône et les en fait descendre.* Eh ! le peuple en effet n'est-il pas la cause de leur élévation et de leur chûte ? Les droits des peuples n'émanent donc pas moins de Dieu que ceux des monarques : lorsqu'une nation s'est donnée un roi sans l'entremise expresse de la divinité, elle a le droit de le déposer, comme elle eut celui de l'établir. Eh ! n'est-il donc pas plus divin de détrôner un tyran que de le proclamer ? Sans doute, Dieu se manifeste bien plus dans un peuple qui dépose un souverain inique, que dans un monarque qui opprime un peuple innocent. Dieu lui-même a autorisé le peuple à juger les mauvais princes puisqu'il lui accorde (1) *d'enchaîner les rois des nations,* ce qui, dans le langage de l'évangile, désigne les tyrans, et *d'exercer un droit sur ceux qui se glorifient de ne reconnoître aucune loi.* Comment donc se prêter à cette opinion extravagante et impie qui veut que les rois, c'est-à-dire communément les mortels les plus indignes(2), jouissent d'une assez grande faveur auprès du tout-puissant pour qu'il ait soumis le monde à leurs caprices, et que par égard pour eux seuls, Dieu ait voulu que l'espece humaine fût réduite à la condition des bêtes?

---

(1) Ps. 149.
(2) The Worst of man.

CHAPITRE III.

APRÈS avoir suffisamment prouvé que les rois des juifs étoient soumis aux mêmes loix que le peuple ; que l'écriture ne contient aucune exception en leur faveur, que la raison et les autorités réprouvent *également* cette maxime monstrueuse que les rois peuvent impunément faire tout ce qui leur plaît, et que Dieu les a soustraits à toute jurisdiction humaine, pour ne les soumettre qu'à son propre tribunal, voyons si l'évangile a consacré d'autres principes, et s'il est vrai qu'elle nous prêche une servitude réprouvée par l'ancienne loi.

Vous tirez votre premier raisonnement de la personne même du christ. Mais hélas ! qui ne sait que, pour opérer le mystere de notre rédemption, il a voulu se réduire non-seulement à la simple condition de particulier, mais encore à celle d'esclave ? et son but n'étoit pas uniquement de nous affranchir de l'esclavage du péché ; autrement que signifieroit ce passage du cantique de sa mere, où il est dit qu'il est venu dans le monde *pour détrôner les puissans et pour élever les humbles ?* Quel rapport ces expressions auroient-elles à la venue du messie, s'il n'étoit effectivement arrivé que pour établir ou renforcer le gouvernement tyrannique, et faire à tous les chrétiens un devoir de la servitude? *Rendez*, dit-il, *à César ce qui appartient à César, et à Dieu ce qui appartient à Dieu.* Ce précepte ne renferme-t-il pas implicitement celui de rendre au peuple ce qui appartient au peuple? *rendez à tous ce que vous leur devez* dit St. Paul (1). On ne doit donc pas tout à César; notre liberté n'est pas la propriété de César, puisqu'elle est un bienfait du ciel ; la déposer aux pieds de César, ce seroit la profaner indignement, ce seroit commettre un vérirable sacrilége : mais voyons quel étoit la doctrine du christ.

Les enfans de *Zébedée* ambitionnent un pouvoir éminent dans son royaume, dont ils se figurent que l'établissement ne tardera pas. J. C. les réprimande et fait connoître à tous les chrétiens l'espece de gouvernement qu'il desire voir instituer parmi eux. *Vous savez*, dit - il, *que les gentils sont soumis à la domination des princes et à l'autorité des grands. Il n'en sera pas de même parmi vous : quiconque voudra s'aggrandir qu'il soit votre ministre ; et quiconque voudroit-être votre chef qu'il soit votre serviteur.*

Quoi ! Saumaize ! sur de pareils fondemens vous croyez nous persuader que nos rois sont les maîtres absolus de nous et de

---

(1) Dans la 13e. Epître aux Romains.

nos

nos biens ! c'est ainsi que la réfutation de votre doctrine se trouve presque toujours dans les autorités même que vous attestez. Les Israélites demandoient un roi *comme les autres nations.* Dieu les en dissuada par plusieurs raisons que J. C. résume ainsi : *vous savez que les princes des Gentils exercent leur domination sur eux.* Quoique irrité de leur demande, Dieu avoit accordé un souverain aux Juifs : pour prévenir une semblable osbtination parmi les chrétiens, J. C. leur dit positivement : *il n'en sera pas de même parmi vous.* Pouvoit-il s'exprimer d'une maniere moins équivoque ? vous ne reconnoîtrez point cette superbe domination des rois, dussent-ils se présenter sous le titre spécieux de vos bienfaiteurs ; mais celui qui voudra devenir grand parmi vous, *qu'il soit votre ministre :* et celui qui voudroit être le premier, ou votre roi, *qu'il soit votre esclave* (1). D'après le christ lui-même un roi chrétien n'est donc que le ministre du peuple ; voilà donc ce que doit être tout bon magistrat ; ou il ne faut pas qu'il y ait de roi parmi les chrétiens ou il faut qu'il soit le serviteur de tous.

Ce que la religion prescrit ici, la simple raison le commande. Platon ne vouloit pas que les magistrats fussent appellés les seigneurs, *mais les gardiens et les servi-*

____

(1) Luc. 22.

teurs du peuple. Il ne vouloit pas non plus que les peuples fussent nommés sujets, *puisque les magistrats et les rois sont à leurs gages*. Ce qu'il vante pardessus tout, c'est une république dans laquelle les loix seules commandent aux hommes, et où les hommes ne sont jamais les tyrans des loix.

Aristote établit les mêmes principes dans ses *Politiques* et Ciceron au livre des loix.

Or, si telle a été l'opinion des hommes les plus sages, si les meilleures institutions civiles ont eu pour base que le souverain pouvoir résidoit dans la loi; si l'évangile ne prêchant point une doctrine contraire à la raison, ni au droit des nations, n'est-il pas évident que l'apôtre lorsqu'il nous récommande de nous soumettre *aux pouvoirs*, lorsqu'il nous dit que *tout pouvoir vient de Dieu*, n'adresse pas seulement la parole aux particuliers, mais aux rois eux-mêmes ; car autrefois les anciennes loix étoient regardées comme l'ouvrage de Dieu; « et qu'est-ce en effet que la loi, » dit Ciceron, si ce n'est la raison elle-» même, cette émanation de la divinité » qui commande le bien et prohibe le » mal ». L'institution de la magistrature propre à nous faire vivre sous l'empire des loix aura donc, si l'on veut, une source divine ; mais les peuples ont incontestablement le droit d'être tels où tels magistrats, et de choisir la forme de gouvernement qui leur paroît préférable.

Vous voulez, Saumaize, que les rois ne soient soumis à aucune loi ; et vous prétendez, cependant, qu'ils peuvent devenir coupables du crime de lèze-majesté s'ils souffrent qu'on attente à leurs droits ; ensorte que, par une contradiction très-palpable, un roi peut tout et ne le peut pas ; il est coupable et il ne l'est point.

Vous nous dites que *Dieu donna plusieurs nations en esclavage à Nabuchodonosor, roi de Babylone.* Je conviens qu'il les lui donna pour un temps limité ; mais montrez-moi qu'il nous ait donné à ce titre, seulement pour une demi-heure, à Charles Stuart. Il a permis sans doute qu'il nous gouvernât ; mais osera-t-on dire qu'il l'a ordonné ? D'ailleurs, si toutes les fois qu'un tyran est le plus fort, on veut que Dieu soumette le peuple à sa tyrannie, pourquoi, lorsque ce peuple a l'avantage, n'accorderoit-on pas également à Dieu l'honneur de sa délivrance ? Dieu sera l'auteur de la tyrannie et il ne le sera point de la liberté ! La peste, la famine, la guerre, tous les autres fléaux dont il lui plaît d'affliger les nations, on pourra, on devra s'en délivrer à tout prix, quoiqu'on sache qu'ils viennent de Dieu, et il n'en sera pas de même de la tyrannie ? pourquoi, quand nous en avons les moyens, ne secouerions-nous pas cet avilissant fardeau ? Faudra-t-il que l'impuissance d'un seul à faire le mal de tous se fortifie de l'intervention de la divinité, et que la force générale pour le bien commun ne jouisse pas du même privilége ? Loin de nous, loin de tous les bons citoyens cette doctrine absurde et impie qui frappe toutes les sociétés d'une mort civile, et qui rabaisse la condition de l'espece humaine à celle des animaux les plus vils, puisqu'en suivant ses maximes, un petit nombre de despotes auront un pouvoir égal sur l'homme et sur la brute !

Quant à moi, je ne doute pas que la suprême puissance ne réside dans le peuple. « Aussi, dit Cicéron, nos sages » aïeux voulurent que la volonté du peu- » ple fut la loi souveraine : c'est par cette » raison qu'on déféroit au peuple romain » le titre de *majesté* ». Pourquoi crain- droit-on de soutenir qu'un roi n'est que le serviteur de sa nation, puisqu'un sénat, maître de tant de rois, s'honoroit de dé- pendre du peuple ? Tibere lui-même, le plus pervers des tyrans, rendit hommage à cette éternelle vérité, lorsqu'au rapport de Suétone, il se tint pour offensé par un citoyen qui lui donnoit le titre de seigneur. Sans doute il reconnoissoit sa dépendance du peuple, lorsqu'adressant la parole au sénat, il dit : « Peres conscripts, » j'ai déclaré plusieurs fois, comme je le » fais maintenant, qu'un prince à qui vous » avez confié librement une aussi grande » autorité, devoit servir à la fois le sénat

» et le peuple ; je ne me repens pas de
» cet aveu : jusqu'ici je me suis applaudi
» de vous avoir pour maître, je le fais
» encore ». Et pourquoi cette coutume,
qui, au rapport de Tacite, obligeoit les
empereurs à se prosterner devant le peuple en entrant au cirque ? Cette espece
d'adoration n'étoit-elle pas un aveu de la
souveraineté du peuple ?

Saumaize, vous n'avez pas pu regarder
de bonne foi comme nouvelle, une opinion adoptée dans tous les temps par les
philosophes les plus sages et les politiques les plus célebres. La vôtre n'a pas
été puisée dans de pareilles sources. Le
Pape et son clergé en ont été les inven-
teurs, dans un siecle où ils n'avoient que
très-peu de crédit. C'est par cette doctrine
servile qu'ils sont parvenus à acquérir une
immensité de pouvoirs et de richesses.
Alors ils ont mis sous le joug les despotes
mêmes qu'ils avoient bassement adulés.
Pour maintenir la plus intolérable de toutes
les tyrannies, ils ont tâché de persuader
aux peuples qu'il étoit de leur devoir de
gémir sous l'oppression d'un mauvais
prince, et que, pour s'en affranchir, il
falloit absolument que le pape les déliât
du serment de fidélité. Voilà les dignes
auteurs de vos dogmes inhumains. C'est
d'après eux que vous nous répétez : « que
» les rois n'ont que Dieu pour juge, et
» qu'aucune loi écrite ou non écrite, na-
» turelle ou divine, ne les soumet à être

» jugés par leurs sujets ». Mais est-il une loi qui le défende ? Existe-t-il un seul code pénal qui excepte les rois de la peine due au crime ? la justice et la raison n'ordonnent-elles pas de punir indistinctement tous les coupables ? Dieu dit dans Isaïe : *j'ai créé le meurtrier pour détruire :* le meurtrier sera-t-il donc au-dessus des loix ?

Mais, dites-vous, l'*état seroit bouleversé...* Qu'importe, si cette révolution doit opérer son salut ? Où en seroient les choses humaines s'il étoit impossible d'y toucher lorsqu'elles empirent ? le changement ne peut qu'être avantageux en ceci ; car le pouvoir du roi retourne naturellement au peuple qui l'en avoit investi. Il revient de celui qui abusoit à celui qui a souffert de cet abus. Rien n'est plus juste ni moins susceptible d'arbitrage. Les loix ne font plus acception de personne ; tous les individus y sont également soumis ; et il n'existe plus de dieu, de chair et de sang, espèce d'être qui ne répugne pas moins à la politique qu'à la religion.

CHAPITRE IV.

Peut-être croyez-vous, Saumaize, avoir bien mérité des princes, par la doctrine que vous professez. Mais si vos flatteries ne les aveuglent point sur leurs véritables intérêts, ils vous regarderont comme leur plus cruel ennemi ; car, en mettant leur pouvoir au-dessus des loix, vous apprenez à tous ceux qui vivent sous un pareil gouvernement, une vérité dont peut-être ils ne se doutoient pas, c'est qu'ils ne sont qu'un misérable troupeau d'esclaves, et par cela même vous les rendez plus desireux de la liberté. Plus vous établirez que ce pouvoir exhorbitant des rois n'est point une attribution du peuple, mais qu'il est tel par sa nature, plus vous rendrez leur domination insupportable. Ainsi, persuadez ou ne persuadez pas, votre doctrine n'en sera pas moins pernicieuse à l'autorité royale. Si l'on admet avec vous que le pouvoir des rois n'a point de bornes, on ne voudra pas d'un pareil gouvernement. Si, au contraire, vous ne convainquez personne de la vérité de votre système, les peuples ne verront dans les rois que des usurpateurs d'une autorité qui appartient aux nations, et dans les deux cas, vous serez également

ment funeste à ceux dont vous plaidez la cause.

Mais si les princes sont les premiers à reconnoître la souveraineté des loix, au lieu d'un gouvernement foible, orageux, incertain, tourmenté de soucis et de craintes, leur regne offrira l'image du repos et de la sécurité.

Ainsi Lycurgue, roi des Lacédémoniens (1), voyant que les souverains d'Argos et de Messene s'étoient perdus pour avoir affecté la tyrannie, n'hésita point à reconnoître l'autorité du Sénat et des Ephores, ce qui raffermit son trône et conserva la royauté dans sa famille, pendant une longue suite de siecles.

Thésée, roi d'Athénes, rendit de même au peuple toute sa liberté, et ses descendans n'en regnerent que plus paisiblement sur l'Attique. Voilà sans doute, l'exemple le plus salutaire qu'on ait pu donner aux souverains. Que les hommes souffrent qu'un seul homme soit au-dessus des loix, voilà ce qu'aucune loi n'a pu sanctionner, car une loi qui renverse toutes les autres ne peut pas elle-même être une loi.

***

(1) Quelques savans prétendent que c'est *Theopompe* qui, plus de cent ans après Lycurgue, introduisit à Lacédémone le gouvernement mixte, et subordonna son pouvoir à celui du peuple.

Ce que vous ne pouvez établir par vos raisonnemens, Saumaize, vous cherchez à le prouver par des faits ; mais vous y succombez encore. Et, par exemple, il est très-faux que tous les chrétiens se soient soumis aveuglément à leurs souverains, quels qu'ils fussent jusqu'à ce que l'autorité de la thiare s'élevant au-dessus de celle des rois, le pontife osa délier les sujets du serment de fidélité. La prétendue absolution donnée aux François par le pape *Zacharie*, lors de la déposition de Chilpéric, est de toute fausseté. Hotoman, français et célébre jurisconsulte, dit, après les meilleurs historiens (1), que ce ne fut point par l'autorité du pape que les Français déposerent Chilpéric et couronnerent Pepin ; que cette affaire fut traitée dans une assemblée nationale, conformément à l'autorité constitutionnelle de cette assemblée. Les historiens françois et le pape Zacharie lui-même, reconnoissent que pour opérer cette révolution, il n'étoit pas nécessaire que les peuples fussent déliés du serment de fidélité. Non-seulement Hotoman, mais Girard, l'un des plus célébres historiens de votre nation, nous apprennent que lors de l'institution de la royauté, les francs s'étoient réservés le droit d'élire et de déposer leurs rois quand ils le jugeroient convenable ;

______

(1) *Franco-Gallia*, chap. 13.

que leur serment de fidélité n'étoit obligatoire qu'autant que le roi observoit fidélement les loix auxquelles il avoit juré de se conformer lors de son couronnement. Ensorte que si le roi, par sa mauvaise administration, violoit le premier son serment, le peuple se trouvoit naturellement délié du sien, sans qu'il fût besoin de recourir à l'autorité papale. Enfin Zacharie, dans sa lettre aux François que vous citez, reconnoît en eux le droit que, selon vous, il s'est arrogé lui-même; *si un prince*, leur dit-il, *si un prince devient coupable envers le peuple, par la grace duquel il régne, ce peuple qui l'a établi peut également le déposer.* Est-il probable que par aucun serment postérieur, les François aient jamais entendu se départir du droit qu'avoient leurs ayeux de déposer les mauvais princes, et d'honorer les bons ? ni qu'ils se croient obligés envers les tyrans à la fidélité qu'ils sont convenus de n'accorder qu'aux bons rois ? Un peuple qui n'est lié que par un serment de cette nature, en est nécessairement affranchi. Lorsqu'un prince légitime devient tyran, ou lorsqu'il se laisse corrompre par la paresse et par la volupté, ce peuple ne lui doit plus d'obéissance, il est libre ; et sans doute il n'est pas nécessaire que d'autres loix que les siennes proclament cette liberté !

CHAPITRE V.

J'AI toujours cru, Saumaize, que la loi de Dieu devoit s'accorder parfaitement avec celle de la nature, de sorte qu'en faisant voir quel est l'esprit de la loi divine, relativement aux rois, je croyois montrer en même-temps ce qui est le mieux d'accord avec les droits de la nature. Mais puisque vous prétendez *nous réfuter plus puissamment encore par la loi naturelle*, je veux bien regarder comme nécessaire ce qui d'abord me paroissoit oiseux ; je montrerai donc que, suivant cette loi, rien n'est plus légitime que de punir les tyrans : et si je n'y parviens pas, je consens avec vous qu'ils soient également exempts de toute peine par la loi de Dieu.

Je n'entreprendrai point de faire un long discours sur la nature en général, ni sur l'origine des sociétés civiles; cette matiere n'est pas neuve, il seroit inutile d'y revenir, et mon intention n'est pas tant de vous réfuter que de montrer à quel point vous vous réfutez vous-même.

« La loi de nature, dites-vous, est un
» sentiment gravé dans tous les cœurs,
» qui, chez les hommes réunis en société,

» les intéresse au bien de l'association.
» Mais ce sentiment, ce principe inné n'o-
» péreroit jamais à l'avantage de tous , si
» les hommes devant nécessairement être
» gouvernés, il ne désignoit ceux qui doi-
» vent les régir : » c'est-à-dire sans doute ,
afin que le fort n'opprime pas le foible, et
que les individus qui se sont réunis en-
semble pour leur mutuelle sûreté ne soient
pas exposés à être désunis par l'outrage et
par la violence , et forcés de reprendre une
vie errante et sauvage ; n'est-ce pas ainsi
que vous l'entendez ? « il a fallu, conti-
» nuez-vous, que dans le nombre des as-
» sociés , on en choisit quelques-uns qui
» surpassoient les autres en sagesse et en
» valeur , afin que, soit par la force , soit
» par la persuasion ils continssent dans le
» devoir ceux qui voudroient s'en ecarter ;
» souvent il a suffi d'une seule personne
» pour remplir cet objet, et quelquefois
» il a fallu la réunion de plusieurs. Au
» reste, un seul, ne pouvant pourvoir à
» l'administration de tout, il faut bien qu'il
» partage le gouvernement avec d'autres.
» Soit donc qu'une seule personne regne ,
» soit que le souverain pouvoir réside dans
» l'assemblée de la nation, puisqu'il est
» impossible que tous puissent administrer
» les affaires de la république , ou qu'elles
» puissent-être administrées par un seul,
» il faut que le gouvernement se partage
» entre plusieurs, » et vous ajoutez ensuite:
« mais quelle que soit la force du gouver-

» nement soit qu'elle réside dans la main
» de plusieurs, d'un petit nombre, ou d'un
» seul, il est également conforme à la loi
» de nature ; car il est fondé sur le même
» principe, c'est-à-dire, qu'il est impossible
» à un seul de gouverner seul, et de ne pas
» en admettre d'autres dans l'exercice du
» gouvernement ».

Je transcris ces paroles de votre propre ouvrage, quoique j'eusse pu le copier ainsi que vous dans le troisieme livre des politiques d'Aristote à qui vous l'avez volé, quoique très-innocemment, pour la ruine des monarchies et de votre propre systême. Comment trouverez vous, en effet, dans cette loi de nature telle que vous nous la présentez le moindre vestige de votre prétendu droit des rois ? *La loi de nature, dites-vous, a eu égard au bien de tous lorsqu'elle a institué ceux qui devoient gouverner*, elle n'a donc pas considéré l'avantage particulier d'un seul, ni du monarque puisqu'il n'est tel que pour l'intérêt du peuple, et qu'ainsi le peuple lui est supérieur ; il n'a donc aucun droit légitime d'opprimer, ni d'asservir le peuple, et puisqu'il ne l'a pas ce droit, il faut conformément à la loi de la nature reconnoître dans les peuples des droits supérieurs à ceux des princes. Si ces mêmes peuples avant l'institution de la royauté, purent s'unir de force et de conseil pour leur conservation et pour leur défense ; si dans la suite ils eurent également le droit d'en élever un ou plusieurs au-dessus des autres, pour mieux assurer la paix et la liberté communes, ce même droit, s'ils ont lieu de se repentir de leur choix, leur laisse toujours la liberté de déposer ceux qui auroient trompé leurs espérances ; car il est dans l'ordre de la nature que les intérêts secondaires cèdent à l'intérêt du tout.

Mais quelles sont les personnes dont vous supposez qu'on a fait choix pour le gouvernement ? *celles qui excelloient par leur courage et par leur conduite ;* c'est-à-dire celles qui naturellement paroissent les plus propres à remplir dignement les fonctions publiques. L'invincible conséquence de ceci ne seroit-elle pas qu'il est contraire aux loix de la nature, que le trône soit héréditaire ? que nul homme ne peut être roi s'il ne l'emporte sur les autres en sagesse et en courage ? Enfin que tous ceux qui manquant de ces qualités parviennent au gouvernement par la force ou par les factions, n'ont en vertu de la loi de nature aucun droit au poste qu'ils occupent, et que leur véritable condition seroit plutôt d'être esclaves que d'être princes ? car la nature veut que les sages gouvernent les fols, et non pas que les méchans regnent sur les bons, ni les fous sur les sages ; d'où il suit qu'ôter de leurs mains les rênes du gouvernement, c'est agir conformément aux loix de la nature.

Pourquoi exige-t-elle que ce soient les

plus sages qui gouvernent ? vous nous l'apprenez vous-même : *c'est afin que par la force, ou par la persuasion ils puissent retenir dans le devoir ceux qui voudroient s'en écarter.* Mais comment contiendront-ils les autres dans le devoir s'ils ignorent, ou si volontairement ils enfreignent le leur ?

Maintenant citez si vous le pouvez quelque precepte de la nature par lequel il nous soit enjoint de nous écarter de ses loix dans les institutions politiques, tandis que dans les choses privées de sentiment, nous la voyons elle-même suivre un ordre constant, et mettre tout à profit pour l'accomplissement de ses vues. Montrez-nous quelque regle de justice naturelle qui nous prescrive de punir les coupables obscurs, et de laisser impunis les rois et les princes; que dis-je ? non-seulement de les laisser impunis, mais de les adorer, de leur rendre un espece de culte, quoique souillés des crimes les plus énormes. Vous prétendez que toutes les formes de gouvernement entrent également dans le vœu de la nature; eh bien ! la personne d'un roi n'est donc pas plus sacrée que celle des membres qui composent un sénat souverain élu parmi le peuple. Vous dites qu'ils peuvent et qu'ils doivent être punis s'ils se rendent coupables; il faut donc qu'un roi qui par le but de son institution ne differe point des autres magistrats, le soit également.

Si, selon vous-même, la nature ne permet pas qu'un seul puisse gouverner assez complétement pour se passer de co-administrateurs qui partagent son autorité ; à plus forte raison ne permet-elle pas qu'un seul commande de maniere que tous les autres soient des esclaves. Ainsi tous les efforts que vous faites pour établir votre prétendu droit des rois sur les loix de nature, ne tendent précisément qu'à le détruire.

Lorsque vous avez pris avec votre conscience l'arrangement d'arriver au dégré de perversité nécessaire pour appuyer la tyrannie sur la loi naturelle ; vous avez senti la nécessité de préférer le gouvernement monarchique à tous les gouvernemens: pour y parvenir, il falloit que vous vous trouvassiez en contradiction avec vous même ; car après avoir soutenu que la nature s'accommodoit également de toutes les formes connues, vous nous dites maintenant que le gouvernement d'un seul est le plus naturel : et cela, quoique vous ayiez déclaré très - positivement que la nature ne permettoit pas que toute la force du gouvernement pût résider dans la main d'un seul individu. Comment pourriez vous donc trouver mauvais qu'on punît les tyrans, puisque par vos propres assertions vous coupez la gorge à tous les rois, et renversez tous les gouvernemens monarchiques, il n'est pas de mon sujet d'examiner quelle est la meilleure forme de gouvernement. Quelques hommes célébres se sont déclarés pour le monarchique , mais toujours en supposant que des vertus supérieures rendroient le monarque digne de régner préférablement à tout autre , sans quoi nul gouvernement ne dégénere plus promptement en tyrannie. Et puisque vous comparez le gouvernement d'un seul à celui de l'être suprême qui régit le monde, il faut , pour que la comparaison soit juste , que le prince l'emporte infiniment en sagesse et en bonté sur tous les autres hommes , afin d'avoir du moins quelque trait de ressemblance avec Dien ; or je ne connois que Dieu le fils qui puisse remplir l'idée qu'on doit se former d'un être semblable.

La même raison naturelle qui veut que , pour le bien et la sûreté des hommes , on établisse un souverain , cette même raison , selon vous , exige qu'on le conserve après l'avoir établi. Eh ! qui vous dit qu'on ne doive pas le conserver toutes les fois que sa suprématie intéresse le salut de tous ? mais faut-il de grandes lumieres pour appercevoir qu'il n'est pas dans les vues de la nature qu'un seul existe pour le malheur de tous les autres ? Cependant, il vaut mieux à votre avis maintenir un méchant prince , quelle que soit sa perversité, que d'en changer ; car son regne ne fait jamais autant de mal à la république que les séditions qu'occasionne son déplacement. Mais cette raison prouve-t-elle que votre prétendu droit des rois soit fondé sur la loi naturelle ? Si plutôt que de défendre ma bourse au péril de ma vie, je me la laisse enlever par un voleur, ou si, détenu dans les fers, je donne tout mon bien pour recouvrer ma liberté plutôt que d'en venir aux mains avec ceux qui m'y retiennent, en inférerez-vous qu'on avoit le droit de m'enchaîner ou de me voler ? les peuples sont quelquefois forcés de céder à la tyrannie ; faudra-t-il donc en conclure que les tyrans ont le droit de les opprimer ? Un droit que la nature donne au peuple pour sa conservation , soutiendrez-vous qu'elle le donne aux tyrans pour sa ruine ? de deux maux la nature nous apprend à choisir le moindre , et à le supporter aussi long - temps que la nécessité l'exige ; mais parce que les circonstances peuvent quelquefois faire craindre que la déposition d'un tyran ne soit plus funeste à la patrie que sa tyrannie même , prétendrez-vous qu'il en résulte pour lui le droit naturel de faire tout le mal dont il pourra s'aviser, sans que le peuple ait celui de le déposer, ni de le punir ? souvenez-vous que vous étiez d'un tout autre sentiment, lorsque vous écriviez contre le despotisme du clergé : c'est qu'alors vous parliez d'après votre conscience, votre plume ne s'étoit point vendue aux *Jacobus* de Charles, et vous n'aviez pas encore gagné *le mal de roi.*

Rougissez d'une aussi indigne prévari-

tation, rougissez, si cependant rougir est
encore en votre pouvoir, écrivain sans pudeur ! qui, pour quelques pieces de mon-
noie avez chassé loin de vous toute espece
de honte. Ignorez-vous donc à quel dégré de
gloire parvint la république romaine après
l'expulsion des rois ? Oubliez-vous celle
des provinces unies, depuis qu'elles ont
secoué le joug de l'Espagne ? Vous, cheva-
lier grammairain, qu'elles paient et qu'elles
alimentent, mais non pas sans doute afin
que vous appreniez à la jeunesse Batave à
regretter la servitude Ibérienne, et à mé-
priser la glorieuse liberté qu'elle dut à
ses braves ancêtres. Puissent ces dignes
républicains vous bannir vous et votre
doctrine abominable ! Puissent - ils vous
réléguer dans quelque coin ignoré de l'u-
nivers, sur le sommet glacé des monts Ri-
phées ! Mais plutôt qu'ils suivent l'exemple
de la nation angloise : elle a su se venger
de son tyran ; qu'ils traitent de même son
apologiste.

« Mais les discordes civiles ont défiguré
» cette isle, jadis heureuse sous ses rois,
» et brillante par son luxe : » dites plutôt
que ces discordes l'ont sauvée, lorsque
perdue par ce même luxe elle n'avoit plus
qu'une religion vénale et des loix sans vigueur ; ne voilà-t-il pas le grave éditeur
d'Epictete et de Simplicius qui prétend
qu'un luxe effréné fait le bonheur d'une
isle ? Seroit-ce du portique que nous vien-

droit une si belle maxime avec la théorie
du pouvoir illimité des rois ?

Jamais dites-vous, jamais sous aucun
regne, il n'y eut tant de sang répandu,
tant de familles désolées ; je l'avoue, mais
ce n'est point aux anglois, c'est à Charles
que ce reproche s'adresse ; à Charles qui
se servit des troupes irlandaises pour nous
opprimer ; à Charles qui dans un diplôme
ordonna que tous les Irlandais conspiras-
sent contre nous, et qui, par leurs mains,
immola dans une seule province, près de
200000 anglois ses propres sujets : que n'a
pas fait son génie dévastateur dans toutes
les autres parties du royaume ? N'avoit-il
pas sollicité deux armées à consommer la
ruine du parlement et de la ville de Londres ? En un mot, que d'actes d'hostilités
ne s'étoit-il pas permis avant que le peuple
et les magistrats eussent pris le parti d'ar-
mer un seul citoyen pour le salut de la
patrie ? Quelle doctrine, quelle loi,
quelle religion ont jamais ordonné que
les hommes dussent aviser à leur repos,
à leur fortune, à leur vie même, plutôt
qu'à repousser les attaques d'un ennemi ?
qu'importe que cet ennemi soit du dehors
ou de l'intérieur, lorsque la patrie est
menacée de la ruine ? certainement si la nature nous portoit à souffrir la domination
d'un roi quelque tyrannique qu'elle fût,
plutôt que de compromettre la vie de plusieurs citoyens pour recouvrer notre li-

berté ; cette même nature nous porteroit
à supporter non-seulement un roi , le seul
cependant dont vous prétendiez que l'autorité doive être absolument sacrée ; mais
aussi des Aristocrates ou des Démagogues
auxquels il plairoit de nous écraser de
leur despotisme : que dis-je ? nous serions
à la merci d'une bande de brigands ; mais
la nature nous auroit doué d'insensibilité ,
si elle eut voulu que nous fussions des
êtres absolument passifs. La nation an-
glaise n'a donc qu'usé de ses droits , et
rempli ses devoirs ; elle n'est pas plus coupable envers la nature qu'envers la religion : elle s'est vengée par le supplice
mérité d'un homme qui n'avoit de roi
que le nom, et qui, dans la réalité fut
un horrible fléau ; le sang d'un nombre in-
fini de bons citoyens, dont il nous avoit
privés , crioit vengeance contre lui ; nous
la leur avons accordée.

CHAPITRE VI.

Après avoir cherché vainement à vous étayer de la loi divine et de la loi de nature, après avoir traité ces divers objets avec une rare improbité, je ne vois pas sur quels fondemens vous pourriez encore appuyer votre doctrine. Quant à moi, je crois avoir pleinement satisfait tous les bons esprits dans une cause aussi digne de leur attention ; mais de peur qu'on ne regarde mon mépris pour vos sophismes comme un effet de la crainte ou de l'impuissance, je consens à vous suivre dans tous vos détours.

Maintenant, dites vous, je vais exposer des raisonnemens plus forts et d'un ordre supérieur.... Quoi ! d'un ordre supérieur à ceux que peuvent fournir la loi divine et la loi de nature ! A l'aide, Lucine ! Saumaize est en travail. Mortels ! venez contempler l'étonnante production à laquelle il va donner le jour.

Si un roi peut être accusé devant un autre pouvoir, il faut de toute nécessité que ce pouvoir soit plus grand que le sien : s'il l'est effectivement, il est le pouvoir royal et doit en avoir la dénomination : car on entend par autorité royale un pou-

voir supérieur à tous les autres. Ne voilà-t-il pas un rare enfantement ! Accourez, grammairiens, au secours de votre confrère; il ne se bat plus pour la loi divine, ni pour la loi de la nature ; il y va pour lui d'un objet bien plus précieux, puisqu'il s'agit de son dictionnaire.

A la vérité nous pourrions répondre à Saumaize, que, contents de notre liberté, nous prenons peu d'intérêt à la définition de l'autorité royale, puisque nous n'avons plus de roi : mais nous répondrons plus directement.

Non-seulement notre opinion, mais celle des hommes les plus sages, a toujours été que l'autorité royale n'est nullement incompatible avec le pouvoir supérieur du peuple et de la loi. Platon exalte le procédé de Lycurgue qui, pour affermir l'autorité royale, la soumit à celle du sénat et des Éphores, c'est-à-dire du peuple. Ce philosophe cite cet exemple aux Siciliens, et regarde une telle modération comme le palladium du trône ; il en est de même d'Aristote, dans son troisieme livre des politiques, où il prétend que de tous les empires gouvernés par les loix, celui des lacédémoniens mérite le mieux le nom de royaume : un roi quoique soumis à l'autorité du peuple n'en est donc pas moins roi. Saumaize, ne trahissez plus les intérêts de l'humanité pour ceux de votre glos-

saire ; et souvenez-vous, à l'avenir, que les
choses ne doivent pas se conformer aux
mots , mais que les mots doivent se conformer aux choses.

Vous dites que le pouvoir du peuple
cesse par-tout où il existe un roi ; mais
de quel droit, je vous prie , puisqu'il est
reconnu que dans presque tous les pays ,
ce n'est qu'à certaines conditions que les
rois ont été investis de leur autorité par le
peuple ? Lorsqu'ils manquent à ces conditions , apprenez - moi pourquoi cette autorité dont ils ne sont que des dépositaires ,
ne reviendroit point au peuple , comme
celle de consul ou de tout autre magistrat ?
soutenez-vous sérieusement qu'il importe
au salut du peuple que ce retour n'ait pas
lieu quand il s'agit d'un roi ? Que le souverain pouvoir ait été confié à un sénat ,
à un triumvirat , ou à un monarque , n'im-
porte-t-il donc pas également au peuple
de le reprendre toutes les fois qu'on en
abuse ? Il m'est impossible de comprendre
le motif de l'exception que vous voudriez
faire en faveur des rois ? en instituant des
magistrats quels qu'ils soient , un peuple
ne peut certainement se proposer d'autre
but que le bien commun. S'il est trompé
dans ses espérances , si ce qu'il a fait pour
son avantage ne tourne qu'à sa ruine ,
pourquoi ne reprendroit-il pas une autorité qu'il a voit confiée pour une meilleure
fin ? Et s'il faut avoir égard à la difficulté

de l'entreprise, ce retour n'est-il pas plus
aisé, lorsque l'autorité se trouve dans la
main d'un seul ? Les hommes seroient au
comble de la démence, si le pouvoir qu'ils
donnent sur eux à un de leurs sembla-
bles, ils le lui confioient à d'autre titre
qu'à celui de dépôt ; et c'est calomnier
la nature humaine que de croire qu'un
peuple maître de sa volonté puisse être
assez imbécille et lâche pour se dépouiller
de toute l'étendue de son pouvoir, ou
pour s'interdire à jamais la faculté de la
reprendre ; la crainte qu'il n'en résulte des
dissensions et des guerres civiles, ne cons-
titue pas pour le roi, le droit de retenir
par la force un pouvoir que le peuple ré-
clame ? Nous conviendrons donc avec vous
qu'on ne doit pas légérement changer de
gouverneur ; mais cette maxime n'a de rapport qu'à la prudence des peuples, et nullement aux droits des rois. Il ne s'ensuit pas
de la circonspection qu'exigent ces sortes
de révolutions, qu'elles ne puissent jamais
avoir lieu pour quelque considération que
ce soit. Un monarque qui ne seroit même
qu'incapable sera légitimement dépos, s'il
l'est par le contentement unanime de la
nation. Cette révolution peut s'opérer sans
troubles, sans dissensions, sans guerre civile ; la France votre patrie nous en offre
plus d'un exemple.

Puisque la suprême loi doit être le salut du peuple et non celui des tyrans ;

puisque les peuples doivent l'invoquer contre les tyrans et non les tyrans contre les peuples; vous qui par vos sophismes osez corrompre cette loi sainte et sacrée; vous qui voulez que cette loi tutélaire des peuples devienne le gage d'impunité des tyrans; apprenez que le ciel et les hommes sont également outragés de cette audace impie, et que leur vengeance est prête à fondre sur vous. Mais, que dis-je, votre supplice est dans votre ruine; vous avez, autant qu'il étoit en vous, dégradé la dignité de l'homme : son aspect sera pour vous un reproche éternel de votre perversité. Quoi ! vous avez osé proférer ces paroles sacriléges : *si des particuliers ont pu se vendre comme esclaves, une nation peut faire de même* ! Et depuis quand la nature et l'humanité ont-elles cessé de réclamer contre cet horrible trafic ? Ainsi les rois qui ne peuvent pas même aliéner le domaine de la couronne, pourroient vendre leurs sujets ! ainsi le roi pourroit regarder le peuple comme sa propriété, qui ne tient son patrimoine que de la munificence de ce même peuple, et qui ne le possède qu'à titre de concession usufrutiere ! Les bêtes de somme sont moins viles, et moins brutes que l'homme qui professe la doctrine scandaleuse que vous ne rougissez pas de publier !

CHAPITRE VII.

C'EST pour éviter deux grands inconvénens que vous vous êtes déterminé à nier que l'autorité du peuple fut supérieure à celle du roi; car si cette opinion étoit admise, il faudroit, selon vous, que les rois changeassent de nom, parce que le peuple seroit roi; or le systême de votre politique en seroit entiérement bouleversé, et même vous vous trouveriez réduit à la facheuse nécessité de réformer votre dictionnaire.

Dans ma réponse, j'ai songé d'abord à défendre notre salut et notre liberté ! mais, Saumaize, je n'ai entiérement négligé les intérêts de votre dictionnaire et de votre politique. J'ai poussé la complaisance jusqu'à vous faire voir que leur sort n'étoit pas aussi désespéré que vous pouviez le craindre, et que pour les sauver, il n'étoit pas absolument nécessaire d'anéantir nos droits.

Maintenant vous entreprenez de prouver qu'un roi ne peut pas être jugé par ses propres sujets, parce que, dites vous, n'ayant point d'égal dans son royaume, il peut décliner toute espece de jurisdiction.

Ainsi, lorsque Marc Aurele s'en rapportoit au jugement du sénat et du peuple romain, lorsqu'il déclaroit qu'il étoit prêt à quitter le gouvernement, s'ils prononçoient en faveur de Cassius, gouverneur de Syrie, qui lui disputoit le sceptre, Marc Aurele avoit tort de ne pas récuser ce tribunal auguste, et le meilleur des rois ignora les droits de la royauté! Saumaize! vous ne pouvez échapper à la pitié que par l'indignation!

Les bons rois n'ont en effet, par la loi de nature, d'autre supérieur que le sénat ou le peuple; mais les tyrans étant essentiellement les derniers des hommes, quiconque est plus fort qu'eux doit être regardé comme leur superieur légitime; car si par l'impulsion de la nature, les hommes renoncerent jadis à la force et à la violence pour se soumettre aux loix, cette même nature les ramene à la force et à la violence lorsqu'il n'existe plus de loi. Ainsi que les rois soient bons ou mauvais; l'autorité du sénat ou du peuple est toujours au-dessus de la leur. C'est un principe d'éternelle vérité, que la flatterie la plus artificieuse ne sauroit détruire, et vous en convenez vous même, lorsque vous nous dites que l'autorité royale passe du peuple au roi; car dans cette communication de pouvoir, le peuple donne sans s'appauvrir, et par une propriété que j'appellerai virtuelle, quoiqu'il donne effectivement, la chose donnée lui reste toujours. Telle est la nature des causes éminentes , elles retiennent plus de force et d'énergie qu'elles n'en communiquent , et c'est une suite nécessaire de leur excellence , qu'elles ne puissent jamais être épuisées ni altérées par leurs émanations.

Il faudroit avec vous faire dériver le pouvoir absolu des rois de l'ancien droit des peres de familles que notre principe n'en seroit pas moins intact. *Entre un royaume et une famille* , dit très-bien Aristote, *la différence n'est pas seulement numérique , elle est encore spécifique.* Quand les villages furent transformés en cités , cette royauté domestique dut nécessairement s'anéantir. Selon Diodore , *le sceptre fut anciennement transmis non aux enfans des premiers rois ; mais à ceux qui avoient le mieux mérité du peuple.* Justin nous dit encore , *qu'originairement les rois ne parvenoient point à la couronne par une ambition populaire , mais à cause de leur modération qui les rendoit recommandables aux gens de biens.*

Dès l'origine des nations, un nouvel ordre de choses amena de nouveaux droits et le gouvernement paternel fut naturellement obligé de céder à l'autorité nationale. C'est la cause la plus raisonnable qu'on puisse assigner de l'institution des empires; car lorsque les hommes se réunirent en société , ce ne fut pas , sans doute , afin qu'un seul eût le pouvoir de nuire à tous; mais afin qu'il existât des loix et des magistrats qui puissent prévenir ou redresser les torts d'individu à individu. Quelque homme éloquent et sage persuada jadis aux hommes d'abandonner la vie sauvage pour former une société civile. Vous prétendez que ce fut afin d'exercer sur eux un empire absolu; cette opinion n'est appuyée sur aucune autorité. Tous les anciens auteurs disent, au contraire, que ces premiers législateurs ne songerent nullement à se rendre puisssans; que dans l'institution des sociétés, ils ne considererent que l'avantage des hommes et le bienfait inapréciable de leur sécurité.

Plus nous nous rapprochons de la nature, plus nous trouvons que l'autorité du peuple est supérieure à celle des rois.

Il est donc impossible que le prince soit investi du pouvoir absolu par le peuple. Un roi n'a d'autorité que pour le maintien et le salut de la liberté publique. S'il cesse d'en prendre soin, ses droits deviennent absolument caduques; il ne peut s'en prévaloir en aucune maniere, ou pour mieux dire, alors le peuple ne lui a rien donné; car le peuple se propose nécessairement un but dans cette grande concession; si ce but n'est pas rempli, la concession se trouve naturellement annullée et comme non avenue.

Mais s'il est démontré que l'autorité du peuple est toujours supérieure à celle du roi, comment celui-ci ne pourroit-il pas être jugé, parce qu'il n'a ni pair, ni supérieur dans son royaume?

« Dans une démocratie, dites-vous, les
» magistrats étant institués par le peuple,
» peuvent être punis de leurs crimes par
» le peuple. Dans une aristocratie les sé-
» nateurs peuvent être punis par leurs col-
» légues; mais une procédure criminelle
» contre un roi, dans son propre royau-
» me, est une véritable monstruosité ».

Si votre raisonnement étoit juste, il faudroit en conclure que les peuples qui se donnent un roi, sont les plus malheureux et les plus imbécilles.

Mais, dites-moi, je vous prie, si dans une démocratie le peuple a le droit de punir les magistrats? Si dans une aristocratie les sénateurs ne sont point à l'abri des châtimens du peuple, pourquoi n'auroit-il pas dans une monarchie, le droit de punir un roi prévaricateur? Est-il d'une autre nature ce peuple que gouverne un monarque? Pensez-vous que l'amour de la servitude ait gangrené tous ceux qui vivent sous une telle autorité, au point que pouvant être libres, ils préferent d'être serfs, de se mettre entiérement à la discrétion d'un prince, souvent pervers, plus souvent im-

bécille, sans que les loix, ni la nature puissent leur offrir aucun refuge contre sa tyrannie? Pourquoi donc imposent-ils des
conditions à leurs rois? pourquoi prescri-
vent-ils des loix par lesquelles ils veulent
être gouvernés? n'est-ce que pour se pré-
parer à eux-mêmes de plus grandes humi-
liations, et pour assurer à leurs tyrans des
jouissances plus délicates?

Comment imaginer que la volonté de
tout un peuple soit de se dégrader, de s'a-
vilir, de faire abnégation de lui-même,
de se livrer tout entier aux caprices d'un
seul homme? Pourquoi exigent-ils de leur
roi le serment d'observer les loix. Hélas!
n'est-ce que pour apprendre que les rois
ont le privilège d'être parjures? Telle est
du moins votre conclusion impie :

« Si un roi, dites-vous, promet sous la
» foi du serment, lors de son élection,
» une chose sans laquelle on ne l'auroit
» peut-être pas élu, et que néanmoins il
» ne la remplisse point, il n'en est pas
» comptable envers le peuple, quand
» même il jureroit à ses sujets de les gou-
» verner conformément aux loix du royau-
» me. S'il ne le fait pas, il n'en est pas
» moins leur roi; ils ne lui doivent pas
» moins de fidélité; s'il rompt le serment
» qu'il leur a fait, c'est à Dieu seul qu'il
» appartient de lui en faire rendre compte».

J'ai transcrit ce passage, non pas pour

y faire aucune réponse ; il se réfute assez
lui-même par le caractère de réprobation
que lui imprime l'excès de sa turpitude ;
mais pour que les rois connoissent la mo-
rale de leur apologiste. Il peut en résulter
un grand avantage pour vous, Saumaize !
Plusieurs ont déjà des secrétaires, des
échansons, des bouffons; peut-être la fan-
taisie prendra-t-elle à quelqu'un d'eux de
vous donner auprès de lui l'intendance des
parjures. Vous aurez dans votre départe-
ment les trahisons, les perfidies, et vous
goûterez enfin le plaisir de faire impunément de mauvaises actions, après avoir eu
celui de faire de mauvais livres.

Mais écoutons un autre argument que
vous nous donnez comme invincible.

« Pourquoi, dites-vous d'abord, les
sujets ne peuvent-ils pas juger les rois ?
c'est parce que les rois étant législateurs
ne sont soumis à aucune loi ».

Nous avons déjà démontré la fausseté
de cette proposition, et nous ajouterons
seulement que si les rois sont rarement
punis pour des délits privés, tels que la
subornation, l'adultere, &c. ce n'est pas
qu'ils aient le privilége de commettre impunément ces sortes de crimes, ni qu'on
puisse perdre le droit d'exercer sur eux la
même justice que sur de simples particuliers; mais en pareil cas, le peuple sacri-
fie la vindicte particuliere aux intérêts de

D

la chose publique ; il met en considération les désavantages qui pourroient résulter du dérangement de la paix sociale et des affaires, s'il exerçoit une justice rigoureuse. Cependant, lorsque ces délits se multiplient, lorsqu'ils deviennent un sujet de scandale et de désordre public, toutes les nations se sont accordées à reconnoître qu'ils pouvoient être légitimement punis.... Mais voici l'argument de Saumaize :

« Le meurtre, l'adultere, et les autres crimes de cette nature, sont des délits privés, et non pas des délits royaux. Un roi, quoique adultere ou homicide, peut bien gouverner. Il ne doit donc pas être privé de la vie, parce qu'en la perdant, il perdroit également la royauté, et il n'est pas dans l'esprit des loix divines ni des loix humaines, de tirer une double vengeance du même crime »...... Quel sophisme pervers ! quelle infamie ! Ainsi donc un magistrat coupable des crimes les plus énormes, pourvu qu'ils soient étrangers à son état, ne devroit pas non plus être puni, parce qu'en perdant la vie, il perdroit aussi la magistrature ; et voilà ce que Saumaize appelle tirer une double vengeance d'un même crime !

Après avoir tâché d'enlever au peuple toute l'autorité souveraine pour en investir le roi, vous voudriez pareillement lui conférer la majesté suprême. Si vous ne parliez que d'une majesté secondaire et

déléguée, nous serions parfaitement d'accord avec vous. Mais, la majesté suprême! elle ne réside pas plus dans le prince
que le pouvoir souverain, et par là même
raison que vous n'avez pas pu établir la
premiere proposition, vous ne prouvez pas
mieux l'autre. Le prince, selon vous, ne
peut devenir coupable du crime de leze-
majesté contre le peuple; mais le peuple
peut le devenir contre le prince. Cependant, pour qui le roi est-il roi? n'est-ce
pas uniquement pour la nation? Est-ce, au
contraire, pour le roi que la nation est ce
qu'elle est? Il faut donc que la nation en-
tiere, ou la majorité de cette même nation, aient un pouvoir supérieur à celui
du roi.

Pour nier cette proposition, vous re-
courez au calcul. *Le roi*, dites-vous, *a
plus de pouvoir qu'un seul, que deux,
que trois, que dix, que cent, que mille,
que dix mille.* — Soit. — *Que la moitié
de la nation.* — A la bonne heure. — *Si
à cette moitié l'on joint l'autre, n'aura-
t-il pas plus de pouvoir que le tout?* —
Nullement; mais poursuivez, habile calcu-
lateur. Pourquoi vous arrêter en si beau
chemin? Ignorez-vous les progressions
arithmétiques?... Eh! ne voilà-t-il pas, en
effet, que vous cherchez si *le roi n'auroit
pas plus de pouvoir en s'unissant avec
les nobles*..... Certes, je le nie, si par
nobles vous entendez uniquement les

grands; car il peut arriver qu'aucun d'entre eux ne mérite ce nom , tandis que chez les Plébéyens un grand nombre de citoyens se distinguent par un mérite éminent; et cette classe étant et la plus nombreuse et la meilleure , n'est-ce pas en elle que consiste la nation? *Mais si le roi n'a pas une autorité supérieure à celle de l'universalité, il n'est donc que le roi des individus, il ne l'est pas de toute la nation.* —Vous l'avez dit, à moins que la nation ne soit contente d'être gouvernée par ce roi. A cette seule condition il peut régner.

Vous demandez ce que nous entendons par le mot *peuple*. Eh bien ! sachez que par le mot *peuple* nous entendons uniquement les communes , *la chambre des Lords étant supprimée*; nous comprenons tous les citoyens indistinctement sous la dénomination de peuple , puisque nous n'avons qu'un suprême sénat , où les nobles peuvent voter comme les autres citoyens , non par un droit qui leur soit particulier comme autrefois , mais en qualité de représentans des municipalités qui ont bien voulu les élire.

Mais selon vous , *le peuple est aveugle, abruti ; il ne sait point l'art de gouverner; rien n'est plus léger, plus vain , plus inconstant...* Saumaize ! les apôtres du despotisme reprochent sans cesse aux peuples les maux qu'il leur a faits ; pour calomnier l'espece humaine , ils lui imputent ses malheurs à crime. Mais après tout , de qui parlez-vous? de la populace sans doute ? eh ! qui peut douter que dans la classe mitoyenne du peuple se trouvent les hommes les plus sages et les plus instruits ? Quant aux autres classes , le luxe et la tyrannie d'un côté, la misere et l'oppression de l'autre éteignent le plus souvent toute vertu , et retiennent ceux qui les composent dans une éternelle ignorance des droits et des devoirs de toutes connoissances utiles.

» Il existe , selon vous , différens moyens
» de parvenir à la royauté sans l'interven-
» tion du peuple , tels que d'hériter d'un royaume , etc. s'il est des nations qui se regardent en effet comme la propriété d'un seul homme , comme son héritage patrimonial , et qui croient lui appartenir par droit de succession , sans qu'il soit besoin de leur propre consentement; ces nations doivent certainement être esclaves, et nées pour l'esclavage. Elles ne méritent point le nom de sujets , ni d'hommes libres; on ne doit pas même les compter parmi les sociétés civiles; elles ne peuvent être regardées que comme les immeubles de leur maître ; car je ne vois aucune différence entre le droit de propriété qu'il a sur elles , et celui qu'il pourroit avoir sur de vils animaux.

Vous parlez ensuite » de ceux qui ob-
» tiennent la couronne par des conquêtes,
» et qui ne peuvent pas reconnoître avoir
» reçu du peuple le pouvoir qu'ils usur-
» pent. » Il n'est pas question ici d'un
roi conquérant, mais d'un roi conquis.
Nous traiterons ailleurs, et quand vous
voudrez, de cette question facile à résou-
dre ; aujourd'hui ne sortons pas de notre sujet.

CHAPITRE VIII.

» **S**I par une faction des grands, ou par
» quelque sédition populaire, les rois per-
» dent une partie de leurs droits, leurs
» successeurs ont toujours la liberté de
» les réclamer. Eh bien ! Saumaize, ap-
pliquez votre propre principe : si nos ancêtres ont souffert qu'on empiétât sur
leurs droits, cette conduite de leur part
pourroit-elle préjudicier aux nôtres ! S'ils
ont bien voulu se rendre esclaves eux-
mêmes ; ont-ils pu prendre le même en-
gagement pour nous, et dans tous les cas,
serions - nous tenus de les ratifier ? S'ils
eurent le droit de se rendre esclaves,
n'aurions-nous pas celui de nous affranchir ?

» Mais quoi ! s'obstinera-t-on donc à ne
» voir qu'un magistrat dans le roi d'An-
» gleterre, tandis que tous les autres rois
» sont investis d'une autorité libre et ab-
» solue ? » C'est une étrange doctrine que
la vôtre, ô Saumaize ! consultez Bucha-
ran sur les prérogatives du roi d'Ecosse,
Hottoman, Girard et tant d'autres sur
celles du roi de France ; tous les savans
sur le droit public des autres nations, et
cherchez y quelques traces de cette indépendance arbitraire dont vous composez

le domaine des rois. —— *Mais ils disent tous qu'ils regnent par la grace de Dieu.*—— Et pourquoi ne se disent - ils pas Dieux eux-mêmes ? Vous seriez bientôt au nombre de leurs prêtres.

Enfin, vous nous demandez pourquoi dans nos statuts nous donnons au roi le titre *de notre seigneur :* comme si vous ignoriez que plusieurs sont appellés seigneurs et maîtres, sans qu'ils le soient réellement ! comme s'il n'étoit pas absurde de juger du droit et de la vérité par des titres d'honneur, pour ne pas dire de flatterie ! de ce qu'on donne au parlement (1) le nom de *parlement du roi ;* prétendez-vous qu'en effet il appartienne au roi? Mais on l'appella aussi le *frein du roi ;* le roi n'en est donc pas plus le maître qu'un cheval ne l'est de sa bride, pourquoi ne seroit-il pas le parlement du roi, puisque c'est le roi *qui le convoque?* —— Un consul avoit aussi le droit de convoquer le sénat; cependant le sénat ne lui appartenoit pas. Lors donc que le roi convoque le parlement, c'est pour l'acquit des fonctions dont le

---

(1) Il est inutile de dire que par ce mot de parlement, Milton n'entend, et que dans tout le cours de cet écrit il n'entendra que l'assemblée nationale et non ces corps mi-politiques et mi-judiciaires dont l'existence amphibie et monstrueuse n'a été connue que dans la désorganisation de la despotie françoise, ——*Note du traducteur.*

peuple l'a chargé ; c'est pour s'occuper avec le parlement des affaires publiques et non des siennes. Si quelquefois il en est question, ce n'est qu'après que les autres sont terminées. Il n'est pas libre au *roi* d'exiger qu'on s'en occupe, et ceux que cette matiere intéresse, savent qu'anciennement, convoqué ou non convoqué, le parlement pouvoit, en vertu de la loi, s'assembler deux fois l'année. Eh ! dans quelle erreur ne tombez-vous pas, lorsque vous soutenez qu'en l'absence du parlement, *le roi gouverne pleinement et universellement par sa seule autorité ?* Peut-il donc interrompre le cours de la justice ? Les juges ne font-ils pas le serment de ne se régler que sur les loix, et de n'avoir égard ni à la parole du roi, ni à ses mandats, ni à des lettres munies de son sceau, si elles leur ordonnoient le contraire ? De là vient que nos loix donnent souvent au roi l'épithete *d'infans*, et les comparent à un pupile relativement à ses droits et à ses dignités.

Telle est encore l'origine de cette expression proverbiale parmi nous : *le roi est impeccable*, expression que vous interprétez avec une mauvaise foi qui tient de la scélératesse, en disant qu'il n'est point peccable, parce qu'il n'est pas susceptible d'être puni.

Vous dites qu'il n'est fait aucune mention du parlement avant le regne de Guillaume le conquérant, et déjà vous aviez soutenu que, sous nos anciens rois Anglo - Saxons, il n'y eut jamais d'assemblée nationale, erreur qui ne peut que faire sourire tout anglais instruit (1). Mais quant à l'autre assertion ; peu nous importe le mot. La chose existoit incontestablement. Vous-même convenez qu'il est parlé d'un *conseil de sages* sous les rois Anglo-Saxons. Or, nierez-vous qu'il ne se trouve des hommes sages parmi les communes aussi bien que parmi la noblesse ?

Mais dans les statuts de Merton rédigés, la vingtieme année du regne d'Henri III, il n'est question que des comtes et des barons. — Un homme qui a passé sa vie à apprendre des mots, sera-t-il toujours la dupe des mots ? Eh ! qui ne sait qu'à cette époque les magistrats des villes et même les négociants étoient quelquefois appellés *barons* ? Et certainement on pouvoit avec bien plus de raison appeller barons les membres du parlement, quelques plébéiens qu'ils fussent. Les statuts de Marlbridge et presque tous les autres déclarent expressément que la cinquante-deuxieme année du regne de ce même roi, les communes furent aussi bien convoquées que la noblesse, et même Edouard

____

(1) Voyez pag. 61.

III dans le préambule des *statute-staple* donne le nom *de grands des comtés* à ceux qui en étoient les représentants, et qui constituoient la chambre des communes. Cependant ils n'étoient point des lords, puisque les lords ne pouvoient pas représenter les communes. En général, dans les livres de nos anciennes loix, les communes étoient comprises sous le mot *barons* et même de pairs du parlement. *On choisira*, dit un livre (1), plus ancien que tous les statuts que nous avons cités, *on choisira quinze pairs dans tout le royaume ; savoir, cinq chevaliers, cinq citoyens ou députés des villes, et cinq bourgeois. La voix de deux chevaliers d'une comté, lorsqu'il s'agira d'accorder ou de refuser, l'emportera sur celle du premier comté d'Angleterre* ; et il est raisonnable que cela soit ainsi ; car ils votent pour toute une comté, tandis que les comtes ne votent que pour eux mêmes.

Le livre que nous rappellons ici, et dont le titre est : *manière de tenir parlement*, nous dit que les communes et le roi peuvent *tenir parlement*, et que leurs décisions ont force de loi, malgré l'absence des lords et des évêques ; mais qu'il n'est pas de même des lords et des évêques en l'absence des communes.

____

(1) Modus habendi parliamenta.

L'auteur nous donne la raison de cette différence ; « c'est, dit-il, parce que les communes existoient et formoient des assemblées nationales avec les rois, long-temps avant qu'il fut question de lords ni d'évêques. D'ailleurs les lords n'assistent au parlement que comme particuliers et pour leurs propres intérêts, tandis que les membres des communes représentent les comtés, les villes et les bourgs qui les ont députés ; par conséquent ils représentent la nation, et à cet égard, ils méritent une toute autre considération que la chambre des pairs (1).

« *Mais la chambre des communes*, dites-vous, *n'a jamais eu le pouvoir de juger*. Le roi ne l'a pas non plus. Cependant rappellez-vous qu'originairement tous les pouvoirs particuliers sont provenus du peuple, et qu'ils en proviennent encore. C'est ce que Cicéron observe très-bien dans son discours sur la loi agraire » comme il a fallu, dit-il, que tous les genres de pouvoir, d'autorité, d'adminis-

---

(1) Ce passage est si singulier dans les circonstances que j'ai cru devoir non-seulement le traduire littéralement, mais encore rapporter en note le texte de Milton.

« Besides, a book more ancient than those statutes, » called *modus habendi parliamenta*, id est, *the* » *manner of holding parliaments*, tells us, that » the king, and the commons may hold a parlia-

tration provînssent du peuple, il faut aussi que tout ce qu'on exécute d'après ces institutions tende au bien commun et à l'intérêt de tous. C'est ce principe qui doit régler les élections. Que chacun donne sa voix à celui dont il croira que l'élection sera la plus avantageuse au peuple, de maniere qu'il puisse s'en promettre lui - même un avantage particulier (1) ».

Puisqu'il est évident que le pouvoir de juger appartient d'abord au peuple, et que les anglais ne l'ont transmise par au-

---

» ments, and enact laws, tho the lords, the bishops,
» are absent, but that with the lords, and the bis-
» hops, in the absence of the commons, no parlia-
» ment can be held. And there's a Reason given for
» it, *Viz.* Because kings held parliaments and Coun-
» cils with their people before any lords or bishops
» were made ; besides, the lords serve for themselves
» only, the commons each for the county, city,
» or burrough that sent them. And that therefore
» the commons in parliament represent the whole
» bodi of the nation ; in which respect they are
» more worthy, and every way préférable to the
» house of peers ».

» [1] Cùm omnes potestates, imperia, curationes
» ab universo populo proficisci convenit, tum eas
» profectò maximè ; quæ constituuntur ad populi
» fructum aliquem et commodum ; in quo et uni-
» versi deligant quem populo maximè consulturum
» putent, et unusquisque studio et suffragio suo
» viam sibi ad beneficium impetrandum munire
» possit ».

cune loi à leur monarque. Il ne l'est pas moins que le peuple en est toujours en possession. Car, ou il n'a jamais été donné à la chambre des pairs, ou s'il l'a été, vous ne nierez pas qu'on ne puisse le lui retirer.

Mais le roi, dites-vous, *peut faire d'un village un bourg, d'un bourg une ville; il crée donc ceux qui forment la chambre des communes.* Je réponds que les villes et les bourgs sont plus anciens que les rois, et que le peuple est toujours le peuple, vécût-il au milieu des champs.

Vous faites une longue dissertation pour nous prouver que les comtes et les barons ont été créés par les rois. Vous pouviez vous épargner cette peine, car nous ne les avons jamais cru d'institution naturelle et incréée; nous savons que ce sont les créatures et par conséquent les esclaves de la cour. Aussi avons-nous pris soin qu'à l'avenir, ils ne fussent pas les arbitres d'un peuple libre.

« Il vous reste, dites-vous, un argument invincible pour prouver que le pouvoir des rois d'Angleterre est supérieur à celui du parlement : l'autorité du roi est perpétuelle et ordinaire. Seul il gouverne sans le parlement; mais le pouvoir du parlement est extraordinaire, il est soumis à des époques ; et il ne peut rien sans le roi ».

Toute la force de cet argument, réside dans les mots *perpétuel et ordinaire*. Mais les magistrats inférieurs que nous appellons, *juges de paix*, ont un pouvoir perpétuel et ordinaire ; en conclurez-vous qu'ils ont le pouvoir souverain ? encore une fois, le roi ne tient son autorité du peuple que pour veiller à l'observation des loix, et non pas pour lui imposer ses volontés personnelles comme des loix : le pouvoir du roi n'est donc rien hors de ses cours, c'est même le peuple qui a l'exercice du pouvoir ordinaire, puisque ce sont douze jurés qui terminent tous les différens ! aussi lorsqu'on interroge un accusé, quand on lui demande par qui il veut être jugé, il répond toujours : *par les loix de mon pays* ; il ne répond pas : *par les loix du roi.*

Mais l'autorité du parlement, qui, dans toute la force du mot, est le pouvoir souverain du peuple commis au sénat, ne peut-être appellée extraordinaire, qu'en raison de son excellence et de sa supériorité. Si elle n'est pas formellement perpétuelle sur toutes les autres magistratures, elle l'est virtuellement et indépendamment du monarque.

Cependant afin qu'on ne m'accuse pas

de témérité en parlant des droits des rois ou plutôt de ceux du peuple relativement à ses princes, je vais rappeller quelques passages de nos anciens historiens qui prouveront qu'en faisant le procès au roi Charles, le peuple anglais s'est conformé parfaitement aux loix du royaume et aux coûtumes de ses ancêtres.

Quand les romains eurent abandonné cette île, les bretons vécurent près de quarante années sans se donner un roi. Ils en élurent ensuite, et en firent périr quelques-uns. Gildas le leur a reproché ; mais non pas dans le même sens que vous. Il ne les blâme point de les avoir fait périr, parce qu'ils étoient rois, mais par ce qu'ils n'avoient pas été jugés, et pour me servir de ses expressions, *non pro veri examinatione*, sans avoir examiné s'ils méritoient effectivement la mort.

Vortigerne, ainsi que nous l'apprend Neunius, le plus ancien de nos historiens après Gildas, fut condamné dans une assemblée nationale pour son mariage incestueux avec sa fille, et son fils Vortimer fut mis à sa place. Cet événement arriva peu de temps après la mort de St. Augustin, et voilà, pour le dire en passant, comme il faut croire votre assertion qu'avant le pape Zacharie, *on ne s'étoit pas permis de juger les rois*, que ce pontife fut le premier qui tint pour légitimes ces sortes de condamnations.

Vers

Vers l'an six cens de notre seigneur, Morcantius qui régnoit dans le pays de Galles, fut condamné à l'exil par l'évêque Odecenus pour avoir tué son oncle. Mais il évita cette condamnation en donnant quelques terres à l'église.

Enfin, nous arrivons aux Saxons dont les loix nous restent encore, ce qui me dispense de citer leurs annales. Les Saxons provenoient des Germains, peuple qui n'accorda jamais à ses rois un pouvoir absolu ; mais qui délibéroit en commun sur les affaires les plus importantes du gouvernement ; d'où il est aisé de voir que si le nom de *parlement* n'étoit pas connu du temps de nos ancêtres les Saxons, la chose n'en existoit pas moins, et que l'autorité souveraine résidoit dans ce Congrès auquel on donnoit le nom *d'assemblée de Sages.*

Bede nous apprend que le roi Ethelbert promulgua des loix à l'exemple des loix romaines, *cum concilio sapientium*, avec l'assemblée des sages.

Edwin, roi de Northumberland, en fit de même, et Ina, roi des Saxons occidentaux, publia de nouvelles loix de la même manière. Enfin le roi Alfred fit aussi des loix avec les Sages ; *elles doivent être observées*, dit ce grand prince, *parce qu'elles ont reçu la sanction de tous.*

E

Des hommes, choisis parmi les communes, formoient donc l'assemblée nationale et souveraine ; car les nobles n'avoient pas plus qu'aujourd'hui le privilege exclusif de la sagesse.

Un très-ancien livre, intitulé *le Miroir des Justices* (1), nous apprend qu'après la conquête de la Grande Bretagne, lorsque les Saxons élurent des rois, ils leur firent jurer de se soumettre à être jugés par les loix comme leurs sujets (2). On lit dans le même ouvrage qu'il est juste *que les rois ayent leurs pairs au parlement, afin que ces mêmes pairs puissent prendre connoissance des délits dont le roi ou la reine pourroient se rendre coupables* (3). On y trouve aussi que, sous le regne, d'Alfred, on fit une loi qui portoit *que le parlement s'assembleroit deux fois l'année à Londres, et plus souvent si le cas l'exigeoit,* et cette loi étant tombée en désuétude, elle fut rétablie *sous Edouard III.*

Dans un autre ancien manuscrit intitulé : *Maniere de tenir parlement,* nous lisons que *si le roi dissout le parlement avant*

______

(1) Mirror of justices. (Speculum justitiæ.)

(2) Chap. 1. Sect. 2.

(3) Ibid.

qu'il ait terminé les affaires pour lesquelles il l'a convoqué, il se rend coupable de parjure & doit être réputé comme ayant violé le serment qu'il a fait, lors de son couronnement ; car il jure d'agréer les loix justes que le peuple aura choisies, et comment pourra-t-on dire qu'il les agrée, s'il empêche le peuple d'en faire le choix, soit en convoquant le parlement plus rarement, soit en le faisant dissoudre plutôt que les affaires publiques ne l'exigent ou le permettent. Et ce serment que le roi d'Angleterre fait, lors de son couronnement, nos plus habiles jurisconsultes le regardent comme la loi la plus sacrée. Quel remede en effet pourroit-on trouver aux grands maux de l'état, qui nécessitent la convocation du parlement, s'il étoit permis à un roi souvent imbécille ou opiniâtre de le dissoudre à sa volonté ? oui, je n'y mets point de doute : nos rois sont moins coupables de s'absenter du parlement, qu'ils ne le seroient de le dissoudre. Et cependant par nos loix, rapportées dans l'ouvrage que je viens de citer ; *Le roi ne doit ni ne peut s'absenter du parlement, s'il n'est pas malade ; encore faut-il que les douze pairs se soient assurés de son état pour en certifier l'assemblée.* .... Voilà nos formes antiques : des esclaves en agissent-ils ainsi vis-à-vis de leur maître. Les communes, au contraire, sans lesquelles il n'est point de parlement, peuvent ne pas se rendre, bien que convoquées par le roi et , après s'être ajournées , rechercher le roi pour la mauvaise administration de l'état.

Mais veut-on une autorité plus décisive & plus mémorable? Parmi les loix , faites sous le regne d'Edouard , vulgairement appellé le Confesseur , il s'en trouve une relative à l'office de roi qui porte *que si le monarque ne s'en acquitte pas comme il le doit,* *IL N'AURA PLUS LE NOM DE ROI,* et de peur que ces paroles ne fussent pas bien entendues , on y a joint l'exemple de Chilpéric , roi de France , que le peuple déposa par cette seule raison.

Guillaume le Conquérant , dans la quatrieme année de son regne , ratifia cette même loi , ainsi que plusieurs autres de ce bon prince Edouard , et il les confirma par un serment solemnel dans une assemblée nationale , tenue près de Verulam. Par-là non-seulement il éteignit son droit de conquête , si toutefois il en avoit quelqu'un sur nous ; mais encore il se soumit lui-même à être jugé selon la teneur de cette même loi.

Son fils Henri jura d'observer ces mêmes loix du roi Edouard , et ce ne fut qu'à cette condition qu'il fut élu roi , du vivant même de son frere aîné Robert.

Enfin tous les rois qui lui ont succédé ,

ont prêté le même serment , avant d'être couronnés. C'est ce qui fait dire à notre ancien & célèbre jurisconsulte Bracton , (1) *qu'il n'est point de roi, si sa volonté règne sans la loi* , et ailleurs : (2) *un roi n'est roi qu'autant qu'il gouverne bien ; il devient tyran du moment où il opprime.*

Un autre ancien jurisconsulte , auteur de l'ouvrage intitulé *Fleta* , soutient la même doctrine. Tous deux rappellent cette loi , vraiment royale , d'Edouard ; cette maxime fondamentale de notre législation , *de ne pas regarder comme une loi ce qui seroit contraire à la raison ;* comme , par exemple , *de ne pas mettre de différence entre un tyran & un roi.* Car , si nous sommes tenus d'obéir à un roi ; par la même loi, par la même raison , nous devons résister à un tyran. Et comme les contestations naissent plus souvent des mots que des choses , les mêmes auteurs nous disent qu'un roi d'Angleterre , quoiqu'il n'ait pas perdu le nom de roi, n'en est pas moins susceptible d'être jugé , & qu'il doit l'être comme le dernier de ses sujets. (3) *Nul homme ne doit être plus grand que le roi, mais lui - même, s'il délinque, (si peccat) il doit être aussi petit que le der-*

---

(1) I. Livre , chap. 8.
(2) III. Livre , chap. 9.
(3) Bracton, Liv. I. chap. 8. Fleta , Liv. I. chap. 17.

nier citoyen, en recevant son jugement.
Or, puisque nos rois sont susceptibles d'être
jugés, il n'est pas difficile de leur assigner des juges légitimes. Consultez les
mêmes auteurs. (1) *Nos rois ont des supérieurs dans le gouvernement : la loi par
laquelle ils régnent, & leur cour, c'est-à-
dire, les comtes & barons ; on les appelle
comtes, ce qui signifie* COMPAGNONS OU
ASSOCIÉS DU ROI, *& quiconque a des
associés, a un maître : si le roi vouloit
donc n'avoir aucun frein, c'est-à-dire, ne
pas gouverner par la loi, c'est aux comtes
à le brider.*

Nous avons suffisamment montré que les
communes étoient comprises sous le mot
comtes et *barons.* Il est bien évident d'ailleurs que les comtes patentés que vous
appellez comtes à brevet, ne pouvoient pas
être juges du roi dont ils étoient les créatures. Or, puisque, d'après nos loix, nos
rois ont leurs pairs dans le parlement qui
peuvent prendre connoissance de leurs
prévarications, & puisqu'il est générale-
ment connu que les moindres citoyens doivent même dans les cours inférieures, obtenir justice contre le roi, lorsqu'ils se
trouvent lézés dans leurs intérêts, combien
est-il plus conforme à la justice, que dis-
je, de quelle nécessité plus urgente n'est-
il pas, que si le roi venoit à opprimer

____

(1) Bracton, Liv. I. chap. 16. Fleta, Liv. I. chap. 17.

tout son peuple, il se trouvât une autorité qui eût le droit non-seulement de le contenir dans les bornes des loix, mais même de le juger et de le punir? Car ce seroit sans doute un gouvernement détestable et monstrueusement constitué, que celui dans lequel on auroit pris soin de remédier aux légers torts que le prince pourroit faire aux simples particuliers, tandis qu'on auroit négligé le salut de tous. Le comble de l'absurdité seroit que celui qui par la loi ne peut attenter aux droits d'aucun citoyen, pût en même temps les opprimer & les détruire collectivement. Et c'est bien ici que, se retrouve, dans toutes ses conséquences, ce principe de la loi écrite déja citée » que » sans les lords & les évêques, les communes avec le roi forment un parlement » légal, parce que les rois tenoient parlement avec les communes seulement, » avant l'existence des lords & des évêques ». Il s'ensuit incontestablement que les communes ont le pouvoir souverain sans le roi, & le droit de juger le roi luimême dont il ne seroit ni juste ni convenable que les lords fussent les juges.

Eh ! les communes en effet n'existoientelles pas avant les rois? ne formoient-elles pas des assemblées? ne faisoient-elles pas des loix? n'ont-elles pas enfin élu un roi, non pour dominer le peuple, mais pour administrer les affaires publiques? Si au lieu de remplir une aussi belle tâche, il opprime ceux qu'il doit gouverner , s'il cherche à les asservir , nos loix ont déclaré d'avance qu'il n'étoit plus roi. S'il n'est plus roi, qu'avons-nous besoin de lui chercher des pairs ? Une fois reconnu pour tyran par tous les bons citoyens , tous deviendront ses pairs , tous auront le droit de le juger & de prononcer sa condamnation.

Les autorités , les loix écrites , la raison , la nature , crient donc à l'envi que les rois d'Angleterre peuvent être jugés par les loix angloises , et qu'ils sont des juges légitimes ; que les communes de la Grande-Bretagne ont le droit de faire le procès du roi , et puisque Charles ne donnoit aucun espoir d'amendement , elles l'ont justement condamné au dernier suplice pour les crimes dont il s'étoit rendu coupable envers la patrie ; elles n'ont rien fait qui ne fût conforme aux intérêts de l'état , à leur propre mission et aux loix de l'Angleterre. Comment ne pas se féliciter d'appartenir à une nation dont les ancêtres fonderent un gouvernement aussi libre , aussi sagement combiné ? et si les choses d'ici-bas peuvent encore toucher ceux qui ne sont plus , je ne doute point que nos dignes ancêtres n'applaudissent à la sagesse et au courage de leurs descendans , qui presque reduits en servitude , ont su briser leurs fers et raffermir à jamais l'indépendance de leur constitution ?

CHAPITRE IX.

Une fois le principe posé et démontré, que deviennent les objections de détail que vous ne vous lassez point de nous répéter, infatigable Saumaize ! En vain direz-vous » que la nature même des choses pour » lesquelles le parlement est convoqué dé- » montre que le pouvoir du roi est supé- » périeur au sien ; puisqu'il est d'usage de » n'assembler le parlement que pour les » affaires importantes et qui intéressent » l'état. » Il nous suffit de vos propres paroles pour vous réfuter ; car si ce n'est pas pour ses propres affaires que le roi convoque le parlement, mais pour celles de la nation, et s'il est libre au parlement de les traiter comme il lui plaît, le roi est-il autre chose que le ministre et l'agent du peuple ? n'est-ce pas le suffrage des députés du peuple qui regle toute sa conduite.

Et de-là suit ce principe souverainement important, qu'il est du devoir du roi de convoquer le parlement toutes les fois que le peuple le demande, puisque ce sont les intérêts du peuple et non ceux du roi qui doivent être librement traités par cette assemblée. Et bien qu'on ait assez de déférence pour requérir le consentement du roi, il ne lui est pas libre d'employer avec la nation la formule dont il se sert envers les particuliers : *le roi avi-*

sera ; car lorsqu'il s'agit du salut public et de la liberté du peuple , le roi n'a pas de voix négative ; s'il l'employoit en pareille occasion , il violeroit son serment , regardé de tous temps comme une loi sacrée , et le principal article de la grande charte , où il est dit : (1) *le roi ne refusera ni ne différera de rendre justice à qui que ce soit.*

Eh quoi ! les dénis de justice ne seroient *pas permis au monarque, et il lui seroit libre de* refuser de justes loix ! ce qu'il ne pourroit contre un simple particulier, il le pourroit contre toute la nation ! il pourroit dans l'assemblée nationale et souveraine, ce qu'il ne peut point dans les tribunaux inférieurs ! Ne seroit-il pas absurde que le roi prétendît mieux connoître que la nation elle-même ce qui convient à la nation ? Aussi lisons-nous dans nos annales que jadis , lorsque les rois refusoient de confirmer les actes du parlement , tels que la grande charte ou autres statuts de cette nature , nos ancêtres les y contraignoient , et tous nos publicistes s'accordent à dire que ces loix n'étoient ni moins légitimes , ni moins obligatoires que celles que le roi consentoit volontairement.

En disant que les rois des autres peu-

______

(1) Chap. 29.

ples ont également été soumis à un San-hédrin, à un sénat ou à toute autre assemblée nationale, vous prouvez que ces nations ont été libres, mais non que nous dussions être esclaves, et ce n'est pas la première fois que vous devenez ainsi l'adversaire le plus dangereux de votre cause, par la maniere dont vous la défendez.

» Mais nous reconnoissons, dites vous, qu'en quelque lieu que soit le roi, en vertu de son pouvoir, il est toujours supposé présent au parlement, de manière que tout ce qui s'y fait passe pour avoir été l'ouvrage du roi lui-même.... » Peut-être en faisant cette observation, Saumaize ! vous êtes vous rappellé la générosité de Charles; car vous ajoutez immédiatement; *nous prenons ce qu'ils nous donnent.* Mais en admettant la supposition de la présence du roi, toujours présumé dans le parlement, il n'en résultera point, comme vous le prétendez, que cette cour n'agisse qu'en vertu d'un pouvoir délégué par le roi; dire que l'autorité royale, quelle qu'elle soit, se trouve toujours dans le parlement assemblé, est-ce reconnoître que cette autorité soit l'autorité souveraine ? N'est-ce pas plutôt la regarder comme une moindre puissance qui se réunit et s'identifie à celle qui lui est supérieure ?

Si le parlement peut casser les édits du

roi, révoquer les priviléges qu'il a ac-
cordés, limiter ses prérogatives, régler ses revenus annuels et la dépense
de sa maison ; s'il peut lui enlever ses
conseillers les plus intimes, les arracher
en quelque sorte de son sein, et les punir lorsqu'ils l'ont merité ; en un mot,
s'il n'est pas de sujet que la loi n'au-
torise à appeller du roi au parlement ; si
toutes ces choses peuvent être pratiquées
légitimement, et si elles l'ont été plusieurs
fois, ainsi que nous l'assurent nos historiens et nos meilleurs publicistes, se trou-
vera-t-il quelqu'un d'assez insensé pour
ne pas reconnoître que l'autorité du parlement est supérieure à celle du roi ?
L'interregne a-t-il jamais anéanti l'autorité
parlementaire ? N'avons-nous pas au contraire plusieurs exemples du libre choix
que le parlement a fait d'un successeur au
trône sans avoir égard au droit de succession ? Enfin le parlement est l'assemblée souveraine de la nation, instituée
par un peuple parfaitement libre, pour
délibérer sur les affaires les plus importantes du royaume, investie du pouvoir le plus étendu : le roi n'est établi que
pour mettre à exécution les loix faites
dans l'assemblée nationale.

Mais lorsque par une délibération publique, les commettans d'un grand peuple rendent compte de leur conduite aux
autres nations, n'est-il pas inconcevable

qu'un esclave étranger ose les accuser d'impostures ? Quoi ! vous osez dire que chez nous les militaires, formant la troisieme partie de l'autorité royale, sont entiérement à la disposition du roi, qu'il en est le chef absolu, et qu'il leur commande sans second et sans compétiteur ? Non-seulement vos propres historiens, mais même ceux des nations étrangeres, lorsqu'ils se sont piqués d'exactitude en parlant de notre constitution, n'ont-ils pas tous déclaré que le droit de faire la paix et la guerre avoit toujours appartenu au parlement ? Les loix d'Edouard, que nos rois jurent de maintenir, établissent ce droit sans nulle exception (1). Certains officiers, appellés *Heretoches*, étoient établis dans chaque province et dans chaque comté, pour commander leurs forces militaires ; et ils étoient nommés, *non pas uniquement pour le roi, mais pour le bien du royaume, par l'assemblée générale et dans les différens comtés, élus par les assemblées des habitans, ainsi que doivent l'être les Shérifs.* Les forces du royaume et les commandans de ces forces étoient donc anciennement, et ils doivent être encore, non au commandement du roi, mais à celui du peuple. Telles furent les légions romaines. « Toutes les légions, dit l'orateur de Rome (2), en quelque lieu

____

(1) Chap. *De Herotochiis.*
(2) Premiere Philippique,

qu'elles soient, appartiennent au peuple Romain, ainsi, l'on ne dit pas que les légions qui abandonnèrent le consul Antoine fussent à lui : elles étoient à la république ».

Guillaume le conquérant, le peuple l'exigeant ainsi, confirma, par serment, cette même loi d'Edouard ; et de plus il ajouta (1) : « que toutes les cités, bourgs et forteresses seroient gardés toutes les nuits, de la maniere que les Shérifs, les Aldermans et les autres magistrats jugeroient le plus convenable à la sûreté du royaume, et ailleurs (2). Les forteresses, les villes, les bourgs furent bâtis pour la défense du peuple ; c'est pour la même fin qu'on doit les conserver dans toute leur intégrité ». Quoi ! les municipalités, en temps de paix, auront le soin de préserver les villes & les places fortes des entreprises des voleurs et des filoux ? et dans la crise périlleuse de la guerre, l'assemblée n'aura pas le droit de les défendre contre les hostilités étrangeres ou domestiques ! Si ce droit est contesté, je ne vois plus de raison de garder ces places, car elles ne remplissent pas le but pour lequel la loi nous dit qu'elles ont été construites. Certainement nos ancêtres auroient

____

(1) Chap. 56.
(2) Dans la 62e. loi.

tout mis au pouvoir du roi plutôt que de leur confier leurs armes et les garnisons de leurs villes ; ils sentoient trop bien que ce seroit mettre leur liberté à la merci de la tyrannie ou de l'impuissance de leurs princes.

Mais le roi doit protection à ses sujets, et comment les protegera-t-il, s'il n'a point de gendarmes auxquels il puisse commander ? Il en avoit pour le bien du royaume et non pour la destruction du peuple. Ecoutez la réponse d'un certain Léouard, dans une assemblée d'évêques, à Russtan (1) nonce du pape et procurateur du roi : « Toutes les églises sont au pape, comme toutes les choses temporelles sont dites appartenir au roi ; non qu'ils en soient les maîtres et les seigneurs, mais parce qu'ils doivent les protéger ; il ne leur est donc pas permis de les détruire. » Tel est l'esprit de la loi d'Edouard que nous avons citée ; et certes il est une grande différence entre un pouvoir confié et un pouvoir absolu. Mais le pouvoir délégué suffit pour la défense du peuple ; car un général d'armée n'a que ce dernier genre de pouvoir ; cependant il n'en défend pas moins bien ceux qui l'en ont investi. C'est envain que nos parlemens auroient autrefois réclamé les droits

<hr>

(1) Sous le regne de Henri III.

de la nation contre les entreprises de l'autorité royale, s'ils eussent reconnu dans
le roi le pouvoir de disposer à son gré des
forces militaires. De quel secours leur eut
été la grande charte contre le despotisme
des sabres et des bayonnettes ?

» Mais, dites-vous, à quoi serviroit que
» le parlement eût l'administration mili-
» taire, puisque, sans le consentement du
» roi, il ne peut lever aucun impôt pour
» l'entretien des troupes ? » Votre principe est faux, & le parlement n'a pas besoin du consentement du roi pour imposer le peuple, dont il est représentant,
quand il défend la cause de ses commet-
tants, quand il appelle du trône à la nation ; quand les contributions volontaires
accourent au devant de son zele ; & vous
n'ignorez pas quelles ferventes cottisa-
tions, quels sacrifices généreux on a pro-
digués en Angleterre, pour subvenir aux
frais de la guerre contre le roi.

*Ne faut-il donc pas convenir avec Aris-
tote, dites-vous encore, que le roi doit
toujours être muni du pouvoir militaire,
afin de se trouver en état de défendre les
loix ? Par conséquent ses forces doivent
être supérieures à celles du peuple.*—Mais
un nombre de soldats fournis au roi par le
peuple, et le pouvoir absolu sur le militaire, sont deux choses très-différentes.
Aristote ne prétend pas que le pouvoir
absolu

absolu doive appartenir au roi ; il s'en ex-
plique formellement dans le passage que
vous citez; » Le prince doit avoir, dit-il,
» à sa disposition assez de gens armés pour
» être plus fort qu'aucun particulier, même
» que plusieurs particuliers réunis, mais
» non au point d'être plus fort que toute la
» nation ». (1) Autrement le pouvoir dont
il seroit revêtu pour protéger le peuple,
il pourroit l'employer à subjuguer le peuple & les loix, & c'est en ceci que consiste la différence entre un roi et un tyran.
Le roi tient du consentement du sénat et
du peuple un nombre suffisant de gens armés pour repousser les ennemis de l'état :
le tyran au contraire, sans consulter la volonté du sénat et du peuple, et même
contre leur gré, recrute, le plus qu'il peut,
d'ennemis de l'état, d'indignes citoyens, et
les arme contre le sénat et contre le peuple.

Lors donc qu'en déléguant au roi ses différents pouvoirs, les parlements lui accor-
dèrent celui d'arborer l'étendard, ils n'en-
tendirent point qu'il pût déployer ces en-
seignes tutélaires contre sa patrie, mais
contre ceux que le parlement auroit déclarés ennemis de l'état. S'il en agissoit
autrement, il devenoit lui-même l'ennemi de la nation, puisque conformément
à la loi d'Edouard, ou plutôt à la loi

____

[1] Polit. Liv. 3. chap. 4.

E

plus sacrée de la nature, il perdoit aussi-
tôt le nom de roi. Plusieurs de nos statuts
prouvent que les feudataires même de la
couronne n'étoient tenus de lui obéir que
dans les guerres auxquelles le parlement
avoit consenti. Il falloit encore un acte du
parlement pour que le roi put exiger les
impôts nécessaires à l'entretien de la ma-
rine. C'est ce qu'ont démontré, il y a près
de douze ans, nos plus habiles publicistes,
dans un temps où l'autorité royale étoit
dans toute sa vigueur ; et le chancelier
Fortescue l'avoit déclaré long-temps aupa-
ravant. » Le roi d'Angleterre, dit-il, ne
» peut changer les loix, ni exiger des sub-
» sides sans le consentement du peuple ;
» Bracton dit encore : Le roi étend sa juris-
» diction sur tous ses sujets, c'est-à-dire,
» dans ses cours de justice, où l'on juge
» au nom du roi, mais conformément à
» nos loix. Tous sont sujets du roi, c'est-
» à-dire, chaque particulier ».

Au reste, si quelquefois nos parlements
ont employé envers les bons rois des expressions soumises, quoiqu'elles ne sentissent
ni la flatterie ni la servitude, il ne faut pas
que les tyrans prétendent s'en faire un
titre ; elles ne peuvent en aucune manière
préjudicier aux droits du peuple. Le gouvernement d'Angleterre n'a jamais résidé
dans le roi seul, mais dans le corps politique. Aussi Fortescue s'exprime-t-il ainsi :
Le roi d'Angleterre ne gouverne pas son

peuple par l'autorité purement royale ; mais par un pouvoir politique , car les Anglois sont gouvernés par leurs propres loix. Cette vérité n'a pas été ignorée même des auteurs étrangers ; & Philippe de Commines, auteur très-grave , dit à ce sujet dans le cinquieme Livre de ses commentaires : » De tous les gouvernements que » j'ai pu connoître ; à mon avis , il n'en est » aucun de plus modéré que celui d'An- » gleterre , ni où le roi ait moins de pou- » voir de fouler le peuple ».

Vous le voyez , Saumaize ! La loi divine , la loi de nature , les loix de mon pays prononcent d'un commun accord sur le droit des rois en général , et sur celui du roi d'Angleterre en particulier. Les personnes à qui les intérêts de la vérité sont plus chers que ceux d'une faction , ne douteront plus que la nation angloise n'ait le droit de juger ses rois , et de les condamner au dernier supplice. Quant à ceux qu'aveugle la superstition , ou qu'éblouit la magnificence des cours , jusqu'à leur faire méconnoître le prix de la liberté , que leur dirois-je de plus ?

Tantôt ils s'appuyeront avec vous sur ce que *Charles fût réduit à plaider pour sa vie* ; et tantôt ils prétendront qu'on l'a condamné sans l'entendre ; comme si après lui avoir accordé tous les délais nécessaires pour se disculper, lorsqu'il se borna à récuser l'autorité de ses juges, et à décliner la jurisdiction du tribunal devant lequel il étoit comptable de ses actions, il ne devint pas juste de lui faire son procès, comme à un muet volontaire, sur des crimes de notoriété publique.

Tantôt ils diront, avec vous, que *Charles ne fut pas la victime d'une faction, et que sa tête ne fut frappée du glaive qu'après une longue et mûre délibération,* et tantôt *ils soutiendront que ce ne fut pas la cent millieme partie du peuple qui consentit à son supplice* : comme si le reste de la nation eut été de bois ou de pierre ! Et que, chez un peuple guerrier, le vœu d'un petit nombre de citoyens eut pu immoler le monarque malgré le vœu général.

Ils diront que *les évêques furent exclus du parlement ;* ils le diront encore d'après vous, Saumaize, qui avez fait un gros livre pour prouver qu'on doit bannir les prélats de l'église.

Ils répéteront *que la chambre des pairs fut supprimée.* Eh ! qui ne sent qu'elle devoit l'être ? ceux qui la composoient n'étoient pas les représentans du peuple. Ils ne siégeoient au parlement que pour leur propre compte ; et comme si le but de leur institution n'eut été que de faire valoir leurs priviléges ; ils ne cessoient de les opposer aux droits et aux immunités du peuple ! Enfin c'étoient autant de créatures du roi ; ils en étoient les compagnons, les domestiques : le roi n'existant plus, il étoit nécessaire qu'ils redevinssent citoyens.

« Mais, une seule portion du parlement et la portion la moins importante ne devoit pas s'arroger le droit de juger, et de condamner le monarque, en vérité vous ne faites que tourner et retourner la même pierre, et certes, à ce jeu, vous lasseriez Sisyphe. Je vous ai déja dit que du temps de nos rois la chambre des communes n'étoit pas seulement la partie la plus essentielle du parlement, mais qu'elle formoit à elle seule un parlement complet et légal, sans la réunion des lords, et à plus forte raison sans celle des évêques. Je vous ai déja dit que le pouvoir souverain résidant toujours et à jamais dans le peuple, il peut juger et condamner le roi par ses représentans ; j'ajoute que le nombre des Votans pour la mort de Charles étoit bien plus considérable qu'on l'exige pour rendre un décret légal lorsqu'il se trouve des membres absens, et qu'il s'agit des affaires les plus importantes du royaume, falloit-il que l'absence volontaire ou forcée de quelques membres des communes, réduisit les autres à la nécessité de trahir leurs commettans, et les empêchât de sauver la nation presque asservie. Falloit-il qu'ils abandonnassent ceux qui vouloient fonder la paix sur la liberté, pour se ranger du côté des lâches déserteurs qui vouloient acheter la paix et la mollesse au prix de la servitude ?

CHAPITRE X.

Je desirerois, Saumaize, que vous eussiez supprimé cette partie de votre ouvrage qui est relative aux crimes de Charles. Maintenant que cet infortuné a subi son sort, je crains de lui paroître trop sévere. Mais puisqu'il vous a plu de vous étendre à cet égard, et de traiter ce sujet avec une merveilleuse confiance ; il faut bien que je vous fasse appercevoir de l'imprudence qui vous a fait réserver pour la fin de votre écrit, ce que votre cause avoit de plus désespéré ; je veux dire l'examen des crimes de Charles. Lorsque j'en aurai prouvé l'existence et l'énormité ils ne pourront que rendre sa mémoire odieuse à tous les gens de bien, et terminer ce débat polémique par une juste indignation contre vous.

Cette discussion *peut être divisée, dites-vous, en deux parties ; l'une relative à la vie privée, et l'autre aux délits que Charles a pu commettre comme roi.* Je me tairai volontiers sur ses débauches de tout genre. Eh ! que nous importeroit la vie privée de Charles, s'il n'eut été qu'un simple particulier ? Cependant puisqu'il étoit roi, sa vie étoit publique, il devoit l'exemple des mœurs. Tout le temps qu'il employoit à la dissipation, aux divertissemens, (et il y consacroit presque toutes ses heures,) étoit un vol fait à l'état qu'il s'étoit chargé de gouverner. Il prodiguoit à des extravagances, à des profusions domestiques des sommes considérables qui ne lui appartenoient point, puisqu'elles faisoient partie du revenu public de la nation, par cette conduite, il devint d'abord un mauvais roi. Mais passons plutôt aux crimes de son administration.

Ici, vous vous plaignez *qu'on l'a condamné comme tyran, comme traître et comme meurtrier.* Définissons d'abord ce qu'on entend par un tyran, non conformément aux opinions vulgaires, mais d'après l'opinion d'Aristote et de sauteurs les plus graves. « Il est un tyran celui qui ne considere que son bien être, son avantage particulier et non celui du peuple » [1]. Etoit-ce son intérêt particulier ou celui de la nation qui guidoit Charles? Un petit nombre de faits sur une grande quantité que je ne puis qu'effleurer, pourront nous en éclaircir. Lorsque les revenus de la couronne ne pouvoient suffire aux dépenses de la cour, il surchargeoit le peule d'impôts, et ceux-ci n'étoient pas plutôt absorbés qu'il en inventoit d'autres. Le profit, la gloire ou le

____

(1) Aristote. Dixieme livre des Ethiques.

salut de l'état n'entroient pour rien dans ces sortes d'exactions. Charles ne vouloit que rassembler ou dépenser dans une seule maison les richesses des trois royaumes. Et lorsqu'il eut perdu toute retenue, lorsqu'il voulut se mettre au-dessus des loix, le parlement étant le seul frein qu'il eut à redouter, à l'exemple de Néron qui voulût anéantir le sénat, il s'efforça de détruire entiérement celui de la Grande Bretagne, ou de ne le convoquer qu'alors que cette assemblée lui seroit passivement devouée. Il ne s'en tint pas là pour forcer le peuple au silence, Charles mit en temps de paix des garnisons de Cavalerie Allemande, et d'Infanterie Irlandoise dans plusieurs villes. Direz-vous que ceci ne ressemble point à la tyrannie ?

Charles ne se borna point à un despotisme purement matériel ; il voulut encore tyranniser la conscience des gens de bien : il les contraignoit à des cérémonies, à des superstitions papales, par lui seul réintroduites dans l'église. Ceux qui refusoient de s'y conformer étoient emprisonnés ou bannis. Deux fois il a fait la guerre aux écossais sans un autre motif. Est-il encore douteux qu'il ait mérité le nom de tyran ?

Quant à celui de *traître*, je vous expliquerai sur quel fondement on en a fait un chef d'accusation contre Charles. C'est au moment où il assuroit au parlement, par ses promesses, ses édits et ses serments de ne rien entreprendre contre l'Etat ; c'est dans ce moment, qu'il récrutoit des papistes en Irlande, qu'il envoyoit des ambassadeurs secrets au roi de Dannemarck pour en obtenir contre le parlement des secours d'argent, de chevaux et de soldats ; c'est dans ce moment enfin qu'il tâchoit de lever une armée, tantôt en Angleterre, tantôt en Écosse. Aux Anglais, il promettoit le pillage de la ville de Londres : aux Ecossois de joindre à l'Ecosse les quatre Comtés du Nord, pourvu qu'ils voulussent l'aider à détruire le parlement. Ces projets ne réussissant point, il envoie en Irlande un *Dillon*, un traître chargé d'instructions secrettes pour les naturels du pays, afin qu'ils exterminent subitement tous les Anglais qui se trouveront parmi eux.

Tels sont les traits les plus remarquables des trahisons de Charles : on ne les a pas articulés sur des *ouï dire*, ou sur des rumeurs populaires ; ils sont constatés par des lettres écrites de sa propre main, et munies de son sceau.

Et refusera-t-on le nom de *meurtrier* au prince par les ordres duquel les Irlandois prirent les armes, et firent périr dans des tourmens affreux, près de cent mille Anglais paisibles qui ne se doutoient nulle-

ment du sort qu'on leur préparoit? Ne mé-
rite-t-il pas le nom de *meurtrier* le prince
qui alluma les torches de la guerre civile
dans les trois royaumes? Voilà les titres
de Charles pour avoir été déclaré *tyran,
traitre et meurtrier.*

Mais, vous prétendez que le crime de
haute trahison ne peut avoir lieu qu'envers
le roi. Eh bien ! sachez qu'il n'est pas un
de nos Publicistes qui ne reconnoisse
qu'on peut se rendre coupable de haute
trahison envers l'Etat, comme envers le roi.
J'en appelle à ce même *Glainville* que
vous avez cité. « Si quelqu'un attente à la
vie du monarque, ou trame quelque sédition contre l'état, il est coupable de haute
trahison ». Ainsi, lorsque quelques Papistes essayerent de faire sauter l'édifice où
siégeoient les membres du parlement, le
roi Jacques lui-même et les deux cham-
bres déclarerent les auteurs de ce complot
odieux, COUPABLES DE HAUTE TRAHISON,
non pas contre le roi seulement, mais
contre le parlement et contre la nation. Il
est inutile sans doute de multiplier les citations sur une assertion de cette nature.
Le comble du ridicule et de l'absurdité
seroit de vouloir qu'on pût être coupable
de haute trahison envers le roi, et qu'on
ne put pas l'être envers le peuple, puisque le roi ne regne que pour le peuple,
et par sa grace, ou par le consentement
de ce même peuple. Inutilement donc

vous fouilleriez dans les livres de notre ancienne législation ; car les loix même dépendent de l'autorité du parlement , il a toujours été en son pouvoir de les confirmer ou de les abroger ; il est le seul juge de ce qui est crime de lèze-majesté ou de ce qui ne l'est pas ; puisque la majesté ne réside pas à tel point dans la personne du roi qu'elle ne soit encore plus éminente et plus auguste dans le parlement.... Anglais fugitifs , évêques , docteurs , légistes , vous qui par votre évasion , prétendez avoir laissé l'Angleterre dans un veuvage absolu de savoir et de littérature , n'est-il donc aucun de vous qui se sente le courage de défendre une aussi grande cause ? Et faut-il que vous soyiez réduits à stipendier la plume mercenaire d'un misérable charlatan françois ?

Un autre crime de Charles fut de retrancher quelques articles du serment qu'il devoit prononcer avant d'être couronné. quoi ! de plus abominable ? (Et si l'action en elle même fut mauvaise , que dirons-nous de celui qui entreprend de la justifier ?) Est - il de plus grand attentat contre les loix ? Et rien au monde devoit-il être plus sacré pour Charles , que la teneur du serment ? Lequel est le plus coupable de celui qui manque aux loix , ou de celui qui les rend complices de ses violations , ou plutôt qui les soustrait pour ne pas paroître les avoir violées ? C'est ainsi que Charles altere le serment le plus sacré , le falsifie et le transforme en un vrai parjure ? Que pouvoit - on attendre d'un regne qui commençoit par un aussi indigne attentat contre le peuple ? N'étoit-il pas évident qu'il n'offriroit qu'un tissu d'iniquités, de malice et d'oppression ? Eh ! que pouvoit respecter celui qui n'avoit pas craint de corrompre et de dénaturer la loi qu'il regardoit comme le seul obstacle au renversement de toutes les autres ?... Mais voyons comment Saumaize essaye de justifier une pareille infamie?

« Le serment, dites-vous, n'est pas plus obligatoire pour les rois, que les loix mêmes ; or, les rois promettent de se conformer aux loix , quoiqu'ils soient réelle-au-dessus d'elles ». Le serment le plus solemnel n'est donc, selon vous, qu'une formule insignifiante, et qu'il est permis aux rois d'enfreindre, quand il leur plaît ? Qu'on dise, s'il est possible , quelque chose de plus absurde et de plus impie ! Charles a réfuté lui-même votre exécrable doctrine ; car n'osant point violer son serment à découvert, il a eu recours au subterfuge et à la fraude pour éviter de s'y conformer : en un mot, il aima mieux corrompre et falsifier son serment, que se montrer évidemment parjure.

« Le serment, dites-vous, est mutuel entre le peuple et le roi ; mais le peuple jure d'être fidéle au roi, et non le roi au peuple ». Ainsi, celui qui promet et qui jure de faire une chose ou de remplir un devoir, n'engage pas sa foi à ceux qui exigent son serment ! Quelle odieuse et pitoyable subtilité ! Chaque roi jure *fidélité*, *service*, *obéissance* au peuple, relativement à l'exécution de tout ce qu'il a promis par son serment. Si plusieurs rois sont couronnés et régnent sans avoir fait le serment d'usage, il en est de même des peuples. D'ailleurs, la partie du peuple qui jure fidélité, ne la promet pas uniquement au roi, mais à l'Etat et aux loix qui investissent le monarque de la couronne. Leur serment au roi n'est que conditionnel, c'est-à-dire, s'il agit conformément aux loix que les communes auront préférées; (*quas vulgus elegerit*). C'est cette derniere clause, *quas vulgus elegerit*, que Charles eut soin de retrancher de la formule avant le couronnement.

« Le roi, selon vous, peut faire grace pour la trahison et pour les autres délits, ce qui prouve assez qu'il n'est soumis à aucune loi ». Le roi peut, en effet, pardonner le crime de trahison, non pas contre l'Etat, mais contre lui-même. Tous les hommes ont le même privilege ; chacun peut pardonner les torts qui lui sont faits personnellement. Le roi peut-être avoit quelquefois le droit de remettre des offenses qui lui étoient étrangeres. Mais, parce que dans certains cas, il pouvoit sauver la vie à quelque malfaiteur, s'ensuit-il qu'il eut le droit de détruire tous les bons citoyens? Si le roi n'est pas tenu de comparoître devant un tribunal inférieur, s'il peut répondre en pareille occasion, par un délégué, s'ensuit-il qu'alors que toute la nation le cite au parlement, il lui soit libre de s'y rendre, ou de ne s'y rendre pas, et qu'il puisse être dispensé de répondre en personne?

Saumaize, vous êtes expulsé de vos derniers retranchemens. Car vous n'espérez pas que je repousse le reproche que vous faites à ma nation de chercher à justifier sa conduite par celle des Hollandois. Eh! comment les Anglais auroient-ils besoin de se justifier par l'exemple des nations étrangeres? Ils ont des loix nationales relativement à la circonstance qui porta la tête de Charles sur l'échafaud; et ils ont agi conformément à ces loix. Ils avoient à suivre l'exemple de leurs magnanimes ayeux, qui jamais n'accorderent à leurs princes un pouvoir absolu, et qui en punirent plusieurs pour avoir affecté la tyrannie. Ils sont nés libres, indépendans de toute autre nation, et maîtres de faire, à l'avantage de leur gouvernement, les loix qu'ils jugent les plus convenables. Ils ont sur-tout une haute vénération pour la plus ancienne des loix, que la nature même a dictée. Cette loi veut impérieusement que toute autorité civile ait pour but le salut des bons citoyens, et non les passions des rois.

Elles sont donc écartées pour jamais loin de mes compatriotes, les odieuses imputations dont cherchoit à les flétrir un sophiste mercenaire. Si j'ai défendu les droits du peuple contre les iniques prétentions des princes, ce n'est par aucun sentiment de haine contre les rois, mais par une juste indignation contre les tyrans. Maintenant c'est à vous, ô mes dignes concitoyens, c'est à vous à réfuter, par la sagesse de votre conduite, les insolens libelles d'un écrivain sans pudeur. Lorsque vous étiez accablé de tous les genres d'oppression, la justice divine a permis que vous fussiez délivrés des deux fléaux les plus funestes à la vertu ; la superstition et la tyrannie. On ne vous pardonneroit plus de n'être qu'un peuple vulgaire. Après avoir vaincu vos ennemis dans les combats, méfiez-vous du poison de la prospérité. Redoublez de vigilance sur vous-mêmes, et ne souffrez point que les loisirs de la paix enfantent chez-vous des passions corruptrices.

S'il en étoit autrement, et que le ciel nous en défende, si vous déshonoriez votre liberté par la licence de vos mœurs ; si votre conduite future tendoit à faire suspecter l'héroïsme de votre conduite passée ; alors, j'en fais serment en terminant cet écrit, je serois votre premier dénonciateur au tribunal de l'opinion, et ma voix s'éleveroit contre vous, comme elle a foudroyé vos calomniateurs.

F I N.